RROÛ

Né le 29 novembre 1890, à Decize, Maurice Genevoix sortit de l'Ecole normale supérieure pour entrer dans la guerre, au mois d'août 1914. Il allait passer des mois très durs dans les secteurs les plus meurtriers du front. Grand blessé, mutilé, il décrivit ces temps d'épreuves dans une suite de livres, réunis depuis sous le titre Ceux de 14, *qui le révélèrent au grand public. Le roman allait étendre sa notoriété et lui valoir le prix Goncourt avec* Raboliot.
« Ecrivain de nature », a-t-on dit alors de lui. Il est vrai. Homme de plein air en effet, familier de son Val de Loire natal (Rémi des Rauches, La Loire, Agnès et les garçons), *animalier* (La Dernière Harde, Les Bestiaires), *mais aussi grand voyageur à travers le monde, il n'a cessé, d'année en année, d'élargir le champ de son observation. Curieux des hommes, psychologue averti, pénétrant, mais aussi et constamment attentif aux spectacles et aux drames de la nature, il a construit une œuvre ample et diverse qu'inspirent le sentiment profond et le respect de la vie universelle.*
Lauréat du Grand Prix national des Lettres, élu à l'Académie française en 1946, Maurice Genevoix en a été le secrétaire perpétuel de 1958 à 1974.
Maurice Genevoix est décédé en septembre 1980.

Parmi les « livres de nature » de Maurice Genevoix, *Rroû* occupe une place particulière. En apparence, ce n'est que l'histoire d'un chat. Mais le lecteur s'aperçoit vite qu'il s'agit là d'une œuvre aux prolongements indéfinis où tous les tons se mêlent et s'harmonisent, où le conteur retrouve le poète ; d'un témoignage où l'homme l'emporte sur l'auteur pour un « engagement » chaleureux où l'expérience anime la réflexion, où le don de sympathie rejoint les puissances de l'instinct et les lumières de l'intuition.
La connaissance de la vie animale, de ses drames, de sa participation millénaire à un monde où se situe notre propre vie égale ici celle d'un Kipling. Ainsi l'écrivain nous entraîne vers des régions inhabituelles, riches de mystères et de secrets, vers une vie au-delà de l'apparence, tantôt dure, tantôt sereine, toujours exaltante, qui hausse l'anecdote vers le symbole et le langage vers le chant.

ŒUVRES DE MAURICE GENEVOIX

Dans Le livre de Poche :

RABOLIOT.
LORELEÏ.

MAURICE GENEVOIX
DE L'ACADÉMIE FRANÇAISE

Rroû

ROMAN

FLAMMARION

PREMIÈRE PARTIE

I

LE CREUX DE SACS

Ils étaient, dans le creux de sacs, peut-être quatre, peut-être cinq chatons d'un tas, encore moites de leur mise au monde. La mère, une mince chatte bigarrée, s'allongeait à travers eux, tout le corps détendu, les flancs plats, une lueur fiévreuse dormant dans ses prunelles.

Elle se courba d'un mouvement lent et las, flaira les petites têtes aveugles et commença de les lécher : tantôt l'une, tantôt l'autre, une noire, une blanche, et de menus crânes invisibles qui cédaient doucement sous sa langue. Ils miaulaient déjà pêle-mêle, ou plutôt vagissaient à grêles plaintes acides en bougeant sous le ventre tiède.

C'était, autour de la nichée, la pénombre sèche d'un grenier, son silence sonore où craquait par instant le bois d'un chevron en travail, où filait sur une raie de plancher le trot d'une souris maraudeuse. La mère chatte semblait ne point l'entendre : elle continuait de lécher ses petits du même mouvement de cou monotone.

Eux, déjà, poussaient leur tête sous la caresse : une noire, une blanche, ces deux-ci plus hardies, plus avides de chaleur et de vie. Et tout à coup plongeant dans l'épaisseur du poil, tâtonnant des pattes, du museau, ils trouvaient les tétines et goulûment se gorgeaient de lait.

Il n'y avait que cette tiédeur, ce poids flexible et doux qui continuait de se courber sur eux, et, dans leur amas vagissant, ces tâtonnements sans cesse répétés vers les mamelles nourricières. La nuit venait, une transparente nuit d'été qui s'assombrissait très lentement à la vitre carrée du châssis, et peu à peu, tandis que le grenier se comblait de ténèbres, redevenait plus claire contre la vitre, la traversait d'une blancheur bleue de lune.

Parfois la chatte, levant la tête, attachait ses prunelles à cette blancheur tranquille, la humait longuement de ses narines froncées, se tendait toute vers de lointains appels. L'épaisse chaleur du jour stagnait, captive, sous le toit. La chatte retombait dans la moiteur du nid ; mais ses yeux grands ouverts luisaient encore au cœur de l'ombre.

Et le jour revenait avec le frais de l'aube, la flèche dansante d'un premier rayon, et le torpide éclat, sous les ardoises surchauffées, d'un soleil de plein été. Il arrivait, de loin en loin, qu'un pas lourd fît trembler les lames du plancher : une grande ombre passait le long des sacs alignés, soulevait l'un d'eux et s'éloignait, grandie encore de son fardeau. Et d'autres fois, vers le milieu du jour, cette ombre s'arrêtait tout près de la portée blottie, puis une autre et encore une autre, aussi hautes, aussi opaques, dressées contre la lumière. Et ces ombres se penchaient jusqu'à toucher le creux de sacs, et d'étranges bêtes agiles et douces s'insinuaient parmi les chatons, caressaient la nuque de la mère qui ronronnait sous leur frôlement.

Elles s'écartaient enfin, dans le reflux doré du soleil. Il y avait alors, posée sur la pile de sacs, une assiette pleine de pâtée : la mère mangeait, le col tendu et les oreilles un peu couchées.

Les ombres revenaient de plus en plus souvent. Et lorsqu'elles étaient là une rumeur les environnait, non point de cris de menace ou d'appel, mais de voix rauques et rudes qui faisaient frissonner les échines. Et le toucher des agiles bêtes nues recommençait de couler dans le nid : on se sentait brusquement saisi, emporté, éperdu de détresse et de vertige. Les pattes écartelées, la queue raide, on piaulait désespérément ; on entrouvrait des paupières blessées par le jour aveuglant sur des prunelles d'un bleu laiteux, aussitôt dérobées qu'entrevues.

Les hommes, l'un après l'autre, soulevaient les chatons, les haussaient jusqu'à leurs visages. Les voix montaient, plus brutales encore, avec des sonorités profondes dont le frisson, maintenant, traversait toute la chair.

« Celui-ci ?... Oh ! non, laissez-le : comme il est drôle avec sa tache sur l'œil ! Et ce petit, noiraud comme un grillon ! Et ce blanc, est-il blanc, l'amour !... Alors lequel ? Je ne sais plus. »

On était pris, déposé, repris. On se sentait en proie à une force terrible, à une menace sans recours. La mère, attentive et muette, ne quittait pas des yeux le mouvement des mains où pendaient les petits corps. Sa tête tournait au gré des puissants gestes des hommes, et vraiment elle avait un visage, hanté d'une angoisse implorante où demeurait, quand même, on ne savait quelle foi obscure.

Deux chatons seulement, un noir, un blanc, se blottissaient à présent contre elle. Des vides froids, un moment, avaient comme élargi le nid. Mais le creux s'était tôt refermé sur la mère et les deux petits, aussi tiède, aussi enveloppant. Et l'assiette était là tous les jours ; et les chatons jumeaux tétaient à longues lampées qui soulageaient les mamelles gonflées.

Ce fut le noir qui vit clair le premier. Il soutenait déjà, sans cligner, la lumière du plein jour, que le blanc gémissait encore et plissait douloureusement le front quand son éclat le surprenait. Un matin, tous deux cherchèrent en vain la chaleur du corps maternel. Le chaton noir, debout au bord du creux de sacs, tendit le cou, flaira, l'échine un peu tremblante. L'autre geignait à son habitude et de détresse tenait ses yeux ouverts.

Le noir, sans un regard vers lui, s'avança davantage à l'extrême bord du nid abandonné. La toile lâche s'évasait, coulait dangereusement sous ses pattes : il les raidit, crispa ses petites griffes juste au moment où elle cédait. Tête en avant il bascula, dégringola, se retint, reprit sa glissade cramponnée, et se trouva piété sur l'immensité du plancher.

La queue droite, il partit devant lui.

II

LE MAGASIN

Ce qu'on appelait « le magasin » était une enfilade de hangars, de quais et d'entrepôts, de garages et d'anciennes écuries qui tournaient autour d'une cour. C'était un monde de pierres et de charpentes, encombré de caisses et de sacs, bourdonnant de moteurs, de voix, résonnant du frappement des battes qui heurtaient la panse des futailles, du brimbalement des bidons de fer-blanc.

Dès l'aube les livreurs arrivaient, tournaient leurs manivelles de mise en marche. Les énormes camions trépidaient, évoluaient dans la cour en menaçant les murs, s'engageaient enfin sous le porche dont leur bâche éraflait le faîte. Des manutentionnaires chargés faisaient plier les planches noires des quais, ouvraient des trappes, manœuvraient des treuils. Des commis, un crayon fiché derrière l'oreille, « rappelaient » à pleine voix les marchandises des tournées. Un comptable en veston surgissait, passait au trot, disparaissait vers l'arrière-cour des tonneliers. Et tous ces hommes se hélaient, juraient, gesticulaient, menaient pêle-mêle un train de folie et faisaient un vacarme effrayant.

Le chaton noir se coulait au pied des murs, cherchant l'ombre des coins perdus, la paix des magasins vides. Son nez grenu, un peu mouillé, se fronçait aux odeurs de la cour. Chaque fois qu'un bruit plus violent sursautait à travers la rumeur, il se rasait contre le pavé, le cœur soulevé d'une brusque chamade. Mais bientôt son cœur s'apaisait ; il reprenait sa quête, les pattes feutrées et les narines bougeantes.

Les premiers jours, les greniers l'avaient vu trottiner sous leurs chevrons, s'affairer d'un mur à l'autre et revenir au creux de sacs. Il demeurait en bas, la tête dressée, et miaulait d'inquiétude vers le nid abandonné. Sa plainte grêle se prolongeait dans le silence, recommençait, tenace et bientôt coléreuse. Enfin la chatte apparaissait au seuil, le cueillait dans sa gueule et d'un saut l'enlevait jusqu'au nid.

Tout était bien. Il avait retrouvé sa place, contre le chaton blanc, dans la courbe du ventre soyeux. Il s'endormait, quiet, dans la douce chaleur familière. Mais très vite, à travers son sommeil, une sensation de vide et de froid revenait le tourmenter : la mère était partie encore, l'attrait du creux de sacs cessait brusquement d'exister.

Il savait à présent comment sauter sur le parquet, couler la tête basse en se retenant à peine. Cela devenait un jeu, il éprouvait chaque fois la même surprise ravie à se sentir détaché du nid, à revoir devant soi tant d'espace. Et tout de suite le grand bruit de la cour montait à travers le plancher, l'appelait à lui, l'envoûtait brusquement d'une curiosité terrifiée.

Les longues journées d'été n'étaient plus assez longues pour tant de passionnants voyages. Il avait découvert l'escalier, ses marches innombrables dont chacune proposait un exploit. Il s'habituait, dévalait d'une étape au lieu de s'arrêter, après chaque saut, pour reprendre ses esprits. Il traversait le quai, gagnait la cour, et se coulait le long des murs au cœur de la terrible et grisante rumeur.

On revoyait toujours les mêmes choses, les deux baquets dressés près de la porte, la femme qui rinçait des bouteilles, le portail nu au bord duquel on s'aplatissait tout à coup.

Le portail étalait sa largeur redoutable. Il fallait se ramasser sur soi-même, tendre ses muscles en profondeur et balancer doucement l'échine, de droite à gauche et de gauche à droite. La force montait, gonflait les fibres, possédait tout le corps d'un élan intérieur qui le soulevait, déjà irrésistible, sans qu'on en pût rien voir que ce lent balancement sur place. Et la hardiesse montait avec la force, et s'unissait à elle pour déclencher ce saut, ce bond, pour vous lancer avant toute pensée de l'autre côté du portail. C'était ainsi : on était de l'autre côté ; on n'avait que trois pas à faire pour entrer dans l'ancienne écurie.

Depuis longtemps, il n'y avait plus de chevaux. Mais l'odeur des puissantes bêtes restait enclose entre les murs salpêtrés. On griffait les bat-flanc des boxes, on grimpait dans les mangeoires. Des brins de foin pendaient encore à leurs barreaux, chatouilleurs et fantasques, avec lesquels on jouait interminablement, oublieux de la cour, du grenier, de la mère disparue et du frère blanc abandonné.

Tout est possible, grâce à ces barreaux robustes : se coucher, se renverser, basculer sur le dos et sombrer exprès dans le vide. On se rattrape toujours, des deux pattes, d'une seule patte, d'une torsion du col ou des reins. Et toujours ces longues pailles qui vous frôlent le poil, vous agacent les oreilles, vous provoquent, se prêtent à tous les caprices du jeu.

Le chaton noir délire de joie, d'énervement. Il coule dans la mangeoire, vise de loin l'un des brins qui étincelle comme une flammèche. Dans la pénombre de l'écurie, ses prunelles luisent d'un éclat vert, d'une changeante phosphorescence qui se glace et se dore tour à tour. Il volète à travers les barreaux, pareil à quelque ténébreux follet. Et soudain il s'apaise, redescend vers le sol d'une glissade presque nonchalante, dédaigneux des brins de foin bougeurs, en quête d'une ivresse nouvelle.

Il trouve toujours, à l'instant même où se lève

son désir : ce sont les cuirs de la sellerie qu'il mordille en bavant d'aise, les lourds colliers pendus à la muraille, leurs plaques de cuivre, leurs flocons de laine bleue. C'est un trou entre deux moellons qui l'arrête violemment au passage, haletant d'avoir surpris une affolante odeur inconnue.

Et pourtant il la reconnaît, ou plutôt reconnaît l'anxieux plaisir qui le bouleverse. Il se tapit dans la rigole, immobile comme un caillou. Il sent toutes ses griffes bien rangées, repliées dans leurs gaines mais prêtes à s'ériger ensemble. Il fixe intensément le trou dans la muraille ; et il attend, il continue d'attendre, le corps bandé pour la détente à l'instant juste qu'il faudra, dans une minute ou dans une heure.

Un fin museau pointu a surgi hors du trou, moustachu de poils raides et blancs. Il n'a pas pu maîtriser son ardeur : il a sauté trop tôt et la souris a disparu. Alors il flaire la fissure, gratte nerveusement le mortier qui s'effrite. Sa queue fouette, une sorte de roucoulement gonfle sa gorge tandis qu'il dresse et balance sa tête. Il appelle, il désire, il somme... Et voici que soudain, rude et tendre, une mornifle courbe sa tête et brise net sa roucoulante chanson. A demi étourdi, éternuant, il regarde sa mère entre ses pattes de devant. Il comprend, accepte la semonce : pour cette fois, le coup est manqué.

Dehors, la rumeur de la cour a fini par s'apaiser. Hier déjà, ç'a été la même chose. Comme aujourd'hui le soleil tombait d'aplomb entre les murs, tous les hommes s'en étaient allés. Tous, sauf Madeleine, là-bas, à la porte de sa cuisine.

Des odeurs capiteuses émanaient de Madeleine, de ses bras rouges, de l'écuelle qu'elle tenait dans ses mains La mère filait d'un trait jusqu'au tablier de Madeleine ; et lui, derrière sa mère, filait comme elle, traversait toute la cour.

Il avait traversé la cour. Cela aussi était arrivé : il n'y avait rien de plus simple, de plus facile. Madeleine était une gamine maigre, aux cheveux roux, nullement intimidante à la dévisager de près. Elle posait l'écuelle par terre, et la chatte, aussitôt, y plongeait toute la tête. Elle grognait quand la menue tête ténébreuse se poussait contre ses babines, mais laissait le petit goûter l'onctueuse pâtée du bout rose et plat de sa langue. Cela brûlait un peu, étouffait un peu au passage ; mais c'était bon, gras, substantiel. On lapait, on avalait à gorgées précipitées. Ce n'était plus la mère qui grognait, c'était le chaton noir qui boutait de la tête, élargissait sa place avec un grondement de menace.

Madeleine, les deux mains sur les hanches, s'ébaubissait de sa hargneuse effronterie. Elle disait : « Quel petit voyou ! » et riait, penchée vers lui, en lui agaçant le menton. Son rire, sa voix aiguë étaient désagréables. Elle ne savait pas se taire. Elle répétait, son nez ponctué d'acné trop près des dédaigneuses prunelles : « Comment tu t'appelles, dis, voyou ? » Et lui, se reculant à mesure que la fille approchait, grognait encore et soulevait le dos.

« Rroû ! Rroû ! se moquait Madeleine. Tu t'appelles Rroû, petit noir... »

III

LA COUR

IL s'appelait Rroû, par la grâce de Madeleine. Elle avait dit le nom à tous les hommes de la cour, montrant « comment le numéro disputait sa mère à la soupe, bossait du dos et faisait toutes ses magnes ». Elle riait encore, elle ne savait que rire, entourée de tous les hommes. Elle prétendait imiter le chat noir, et se livrait en vérité à une comédie ridicule.

Rroû ne s'en souciait guère, pourvu que la soupe fût servie. Il reconnaissait l'heure au silence soudain de la cour. Alors il trottait droit vers la porte de la cuisine, et, si la porte était fermée, il sautait au treillis tendu contre les mouches et montrait sa tête sombre à la vitre. Il s'arrangeait toujours pour arriver là bon premier : avant sa mère, avant Frère blanc qui se risquait enfin dehors, surtout avant le chien de chasse, un épagneul breton d'une turbulence stupide et d'une écœurante glouton-nerie.

Cette grande bête, malgré ses bonds et ses abois, malgré ses rouges babines retroussées sur des crocs énormes, il ne la craignait pas du tout. La première fois peut-être, lorsque cette trombe velue avait déferlé sur lui, lorsque cette voix terrible avait éclaté sur sa tête... oui, peut-être, il avait eu peur. Mais lorsque Rroû a peur, après un bref saut en arrière il se piète, hérisse l'échine et montre ses griffes en crachant.

Et surtout il regarde, il fixe sur l'ennemi ses yeux verts, leur flamme immobile et glacée : « Approche, grand chien ! Voici comment ma patte se détend, juste sur ton nez sensible. Et ton nez saigne, égratigné de fines estafilades, une pour chaque griffe, exactement. »

Maintenant l'épagneul peut sauter, aboyer, appuyer l'avant-train sur ses pattes de devant en dressant une croupe frémissante, Rroû n'a plus peur de lui, n'aura plus jamais peur. Seul ou non, il obtiendra sa place, il mangera tout son soûl dans l'écuelle.

Il est gavé, la soupe ne passe plus. Que les autres s'arrangent des restes. Il s'écarte sans hâte, le ventre rond comme une pelote, s'assied à quelques pas, se pourlèche, et du bout de sa patte bichonne son museau noir.

Il prend son temps, il jouit d'une sécurité absolue. Tout près de lui, Madeleine et les trois bêtes s'agitent déraisonnablement. Même Frère blanc, même la mère manquent de dignité. Ils poussent des miaulements qui mendient, reviennent dans les jupes de Madeleine lorsque celle-ci ose les chasser, sautent sur la pierre d'attente et cherchent à se couler par l'entrebâillement de la porte. Pour l'épagneul, n'en parlons pas : ce grossier que l'on savait couard, il se révèle servile, s'aplatit sous une main levée, rampe aux pieds de Madeleine en balayant la poussière de sa queue.

Bien fait ! Le balai jaune a jailli par l'huis entrouvert. Le chien, les chats s'égaillent sous son raide rebondissement. Ce n'est rien, c'est fini. Le balai gît à terre, tout à fait immobile. Rroû est resté assis et continue de lécher son ventre.

Maintenant la porte de la cuisine est fermée. La cour somnole, déserte et silencieuse. Et pourtant Rroû couche une oreille, l'oreille gauche, celle qui guette du côté du portail. Un pas a résonné dehors, le loquet joue et claque dans sa gâche. L'autre heure est arrivée, l'heure où la cour recommence son vacarme.

On a le temps encore, mais la sagesse commande une prudente retraite. Ce n'est pas que rien vous menace : on a compris, après déjà tant d'autres choses, que la violence du bruit, l'agitation des hommes n'étaient pas réellement des menaces ; ni la course écrasante des grosses roues, ni la chute des caisses anguleuses ou le roulement des énormes futailles. Les hommes s'agitent sans se soucier d'un chaton dans la cour. C'est assez de veiller à leurs dangereux et vains trémoussements, de s'en écarter pas à pas, comme ceci, un pas après l'autre : vers la sellerie, par exemple, ou vers le grenier natal.

Ils arrivent en fumant des pipes, en jacassant, en riant trop fort comme la rousse Madeleine. On les connaît désormais presque tous : les hommes gris qui coltinent des fardeaux, les hommes bleus par qui grondent les voitures, les hommes noirs qui frappent sur les tonneaux. Ni les uns ni les autres ne sont intéressants. Plus la cour est bruyante, d'ailleurs, et moins elle offre de surprises : on s'en va, on aime mieux s'en aller.

Sauter les marches de l'escalier, c'est fastidieux : on réussit chaque saut du premier coup. Toujours les mêmes rencontres, les mêmes bruits qui montent de la cour, la chatte qui passe, maniérée, en feignant de ne point nous voir, l'enfilade des greniers déserts où les sacs ne bougent jamais. Les camions rentrent en grondant, le vacarme semble soulever la cour, y tourne en rond et brusquement s'affaisse. Enfin des portes battent, des pas résonnent sous le portail, qui s'éloignent jusqu'à perte d'ouïe. C'est le silence du soir, plus profond que celui de midi. Et bientôt la longue nuit, où l'on somnole, où l'on rêve, fatigué de rôder parmi des choses trop familières.

Un étrange murmure, un gazouillis très doux et presque imperceptible s'effile sous l'avant-toit, de l'autre côté du mur. Rroû l'écoute pendant des heures, la tête droite et les yeux brillants : c'est là, c'est exactement là, de l'autre côté du mur. C'est duveteux, c'est tiède par-delà l'épaisseur des pierres. Le jour, les hirondelles volaient dans l'air bleu, bien plus haut que les cimes des toits. Il les revoit en écoutant, les nuits d'été, le mystérieux susurrement des nids.

Ils sont collés sous les voliges, à l'opposé de la cour insipide. Il se souvient maintenant des vols qui fauchaient la lumière au bout du portail en tunnel. Comment aller là-bas, dans ce monde inconnu où l'on entend, chaque soir, s'éloigner les pas des hommes ?

Rroû, toujours immobile et presque hiératique, ses yeux verts phosphorant dans l'ombre, poursuit le rêve qui le tourmente et qui l'enivre. Il se sent las jusqu'à l'accablement des explorations quotidiennes dont il a, il le sent, épuisé les fades découvertes. Ce qu'il connaît le déçoit et l'écœure dans l'instant où il le connaît. Il faut, il faut aller plus loin, échapper à l'étreinte des hauts murs, à la pâtée ponctuellement servie par la criaillante Madeleine, à la promiscuité autour de l'écuelle fumante, près du plomb de l'évier qui dégorge ses eaux souillées.

Plus violemment qu'hier le courage et la peur le hantent : il frissonne tout entier, son cœur cogne dans sa poitrine. Et, tendant longuement ses pattes, il enfonce toutes ses griffes dans la toile grenue des sacs, il la carde, la déchiquette, tandis que lui monte à la gorge ce roucoulement doux et sauvage où son angoisse s'enfièvre tout ensemble et trouve un poignant apaisement.

IV

LA RUE

Il a convié Frère blanc à le suivre : nez contre nez d'abord, et peu à peu tirant vers le portail. Frère blanc a commencé par suivre, en effet, jusqu'aux pavés du caniveau. Mais là un coup de vent est venu de la rue, qui a fait tinter la sonnette. Alors Frère blanc a sauté en arrière et s'est enfui dare-dare vers la cour.

Rroû le regarde détaler, plein de mépris et de dégoût. Quelle idée saugrenue d'avoir souhaité cette compagnie ! Frère blanc s'est arrêté au milieu de la cour, pantois encore de sa terreur ; des spasmes lui parcourent la croupe et font battre sa queue à raides et ridicules secousses.

Rroû est furieux contre Frère blanc, contre lui-même. Vraiment, il a vraiment pu croire que cet individu dépasserait le caniveau, qu'il le suivrait de l'autre côté, le soutiendrait, le défendrait peut-être ? Sa bravoure du moins se nourrit du spectacle honteux de Frère blanc. Rien de plus excitant pour aider à franchir le passage, le caniveau d'abord, et d'un même élan la poterne. Ici, sur le trottoir, ce n'est pas un réflexe de crainte qui brusquement arrête le chaton noir, qui le fait se raser sur lui-même, prêt à bondir des quatre pattes. C'est la surprise qui fond sur lui à découvrir d'un seul coup tant d'espace, et le suffoque d'un trop violent plaisir.

Devant lui la chaussée en pente dévale à perte de vue. Il tend le nez et dévale avec elle. Un pépiement, au-dessus de sa tête, lui horripile délicieusement le poil. Son cou s'allonge ; ses prunelles glauques, étrangement pâles à la grande clarté du dehors, dardent jusqu'à l'auvent un fixe regard sans pupilles : oui, les nids sont là-haut, juste à la place qu'il avait pressentie. Son museau pique, ses narines flairent à terre les fientes blanches tombées des nids. Et cependant la longue pente de la rue l'attire, il éprouve le vertige de sa fuite sans limites, bordée jusque là-bas de maisons, de jardins, d'autres maisons encore et d'arbres pleins d'oiseaux.

C'est trop, c'est beaucoup trop pour un chaton sur le bord d'un trottoir. Il y demeure pourtant, les muscles en alerte, frémissant d'un émoi qui ne cesse de grandir, qui submerge en grondant son mince corps immobile. Des persiennes claquent contre les murs, le timbre d'une bicyclette grelotte au tournant de la rue, un chien aboie dans une cour lointaine. Et chaque fois il sursaute sur place, mais reste là, et regarde, et respire.

Les hirondelles sont blanches dans l'air bleu. Les ailes des martinets, lorsqu'ils descendent entre les toits, font un vif sifflement de faux. Des toits, des toits, des cheminées qui fument, des coups de vent qui passent et font frémir longuement les feuillages. Très haut, des cloches sonnent à travers le ciel libre ; leurs vibrations ondulent à l'infini, sans trêve réveillées par les chocs des battants de bronze. Rroû les sent vibrer sur ses reins avec une force bouleversante. Elles sont très loin, elles sont tout près, à l'image du monde infini.

Toujours rasé sur le bord du trottoir, traversé de visions, de bruits vivants et d'odeurs voyageuses, il pantèle presque, au seuil de la panique, suspendu à la crête d'un abîme où il se sent déjà rouler. De petits hommes approchent, trottant vif sur la chaussée. Il n'a jamais vu d'enfants : la vitesse de ceux-ci, leurs cris aigres, les soubresauts des sacoches de cuir qui dansent au rythme de leur course, tout cela fond sur lui en rafale, le plaque à terre en un tel désarroi qu'il en est paralysé. Il lui faut vraiment du courage pour s'arracher à cet anéantissement, pour rappeler à soi la force d'une foudroyante évasion.

Enfin ! Il est sous le portail, il est sauf. Chaque pavé du caniveau le lui dit, et l'ombre humide du porche, et la rumeur familière de la cour. Son poil rêche s'apaise peu à peu, retrouve ses ondes luisantes où flambent au fond des reflets doux. Avec un détachement, une aisance un peu forcés, il se lèche, il se lustre, songeant que les choses trop connues se révèlent parfois tutélaires, et qu'en somme il est sage de ne pas les renier tout à fait.

Cinq minutes plus tard il est sur le trottoir, dans la rue. Ce besoin d'inconnu est plus fort que toute sagesse. Il ne s'agit même pas d'être déraisonnable ou sage : un démon volontaire hante la cervelle et le corps de Rroû, bande ou détend ses muscles et gouverne ses nerfs. Cette faim de découverte, cet anxieux désir d'aventure, c'est Rroû qui s'avance dans la rue et qui tourne le dos à la cour.

Il s'arrête là, dans un creux des longs blocs de grès qui bordent l'arête du trottoir. Au-dessous de ses pattes, tout près, le ruisseau invisible coule avec un friselis ; il tombe un peu plus loin dans la gueule de l'égout, et l'eau roule sourdement aux profondeurs de la terre. De temps en temps, l'oreille de Rroû se couche vers la poterne. C'est inutile de retourner la tête : la poterne est bien là, à distance d'un double saut. Les yeux, le nez, la peau sont pris ailleurs, accaparés.

Il y a ce qu'on a déjà vu, mais qui cette fois est si ample et si riche que la curiosité survit à la prime découverte : rien que ces flèches ailées dont les courbes se croisent, ces pépiements variés à l'infini où l'on apprend à distinguer le chardonneret du moineau franc et le pinson de la mésange, c'en est assez pour combler une à une les minutes qui glissent sur la rue, sur l'immobilité heureuse d'un chaton au bord de la rue.

Et tant de choses nouvelles qui surgissent de toutes parts, qui éclatent, resplendissent ou fulgurent ! Les choses douces comme l'hirondelle blessée qui palpite sous l'avant-toit, qui s'accroche au crépi et va tomber peut-être, et dont chaque battement d'ailes vous chavire le cœur ; les choses terribles comme le premier cheval, un percheron dételé dont les chaînes tintent sur les cuisses, dont les sabots claquent sur le macadam... Alors le double saut qui le sépare de la poterne, les pattes de Rroû le font pour lui, le projettent dans l'ombre du porche. Mais lui, Rroû, retourne à la rue, reprend sa place au bord du trottoir, tandis que le cheval est encore assez près pour qu'il revoie sa croupe énorme et qu'il entende claquer ses fers.

Ainsi, pendant des jours, il revient à cette place précise où le bord du trottoir se creuse comme une margelle usée. Il observe, il s'annexe la rue. Le profil des toits sur le ciel, il le connaît exactement, tel qu'on le voit de son observatoire, et le glissement des ombres sur le sol, et la couleur des instants dans la nue. Il s'habitue, cette fois sans satiété. La persistance des tentations, leur flot sans cesse renouvelé l'avertissent que le monde est plus grand que la cour, plus grand que tout ce qu'on peut voir. Il ne saute plus sous la poterne quand un attelage aux roues fracassantes dévale la pente de la chaussée, quand les gamins reviennent de l'école. Il sait qu'ici comme dans la cour l'agitation des êtres ne menace point directement sa vie, qu'il suffit de rester en alerte, d'esquiver avec une souplesse mesurée l'automobile qui roule droit devant elle, ou le mâtin errant qui fouille dans le fumier d'en face.

Mais il sait bien aussi que l'inconnu est toujours proche, que son appel coule dans le vent qui passe, qu'il retrouvera toujours, au prix d'un peu d'audace et de quelques pas en avant, la voluptueuse terreur qu'il aime : celle même qui l'a bouleversé ce matin quand le petit cheval velu, aux longues oreilles, dont il ne prenait point souci, a soudain gonflé ses naseaux, ouvert sa gueule sur de longues dents jaunes, et lancé aux échos de la rue un braiment épouvantable.

V

LA MAISON D'EN FACE

OSER, oser avec prudence, aller un peu plus loin quand l'heure propice est arrivée, c'est bon. Sans doute est-ce louable et magnifique ; mais d'abord et surtout, c'est bon.

Est-il plus méritoire, à présent qu'on est agile et fort, de traverser la rue allégrement que de descendre, balourd encore et les yeux troubles, du creux de sacs où l'on est né ? En vérité, c'est plus facile, et la récompense est trop belle.

Ainsi, tout près du magasin, il y avait la maison d'en face, son calme ensoleillé, ses deux grands arbres côte à côte, son bourdonnant silence où l'on se plonge avec délices comme un frelon noir dans une rose. Ceci est mon libre royaume, et j'y règne sans conteste au cœur d'une paix enchantée. Lorsque j'y arrive le matin, — dépêche-toi, paresseuse Madeleine, de servir l'écuelle de pâtée ! — le sable est déjà tiède contre la marche de la cave. Je m'y allonge, béat, des quatre pattes et du ventre, et je m'endors, les yeux entrefermés.

Non, ce n'est pas dormir que de m'abandonner ainsi à la caresse de l'air bougeur, à sa clarté changeante où les feuilles font un bruit d'eau qui coule. C'est savourer lentement la jouissance de vivre, mon engourdissement consenti, ma molle nonchalance que brûle peu à peu le soleil montant sur les toits.

Il est midi, il fait trop chaud. Alors je vais près de la pompe, au bord de l'ombre qui commence à ramper le long de la buanderie, mais au soleil toujours puisque de la dalle du puits la bonne fraîcheur de l'eau s'exhale, me baigne et me caresse encore.

Sans cette fraîcheur de source dont l'air est imprégné, j'aurais soif. J'ai presque soif, mais tout mon corps se désaltère. C'est bon encore, de sentir à la fois la force cuisante du soleil, la lisière rectiligne de l'ombre et l'haleine mouillée du puits.

Tout est bon, dans ce royaume élu. Des murs au faîte de tuiles rouges ceignent le petit jardin sans hommes. Rien ne roule, rien ne cogne, ne rit grossièrement ou n'aboie. Chaque pas que je fais, chaque saut, c'est qu'il m'a plu, à moi seul, de les faire. Pas de voisinage offensant, aucune contrainte qui blesse ma fantaisie. Jouer ? Si je veux : avec cette pomme de pin dont les écailles cliquettent, cette touffe d'agrostis bien plus vivante que les pailles de l'écurie, ou ce carabe vert aux pattes rouges qui traverse en biais l'allée. Ne plus jouer ? Le carabe semble mort ; un coup de griffes un peu trop rude a décollé l'une de ses ailes, une gouttelette d'ambre perle à son corselet. Je suis repu de ces enfantillages. Jouer encore, oui, mais le vrai jeu, le seul : aller où je ne fus jamais.

Il est parti, le long de la buanderie. Duveteux encore, un peu pataud, il semble en ces instants que le devance sur sa route le petit fauve qu'il deviendra. Toute sa grâce inquiétante, sa souplesse muette et dangereusement armée, elles sont déjà dans ses allonges exactes, dans la coulée flexible de ses lignes. Il va, les pattes feutrées, le col horizontal. Une lente ondulation parcourt son corps du garrot à l'échine, se prolonge et s'inscrit dans l'espace à l'extrême pointe de sa queue noire.

Ainsi glisse-t-il, infléchissant le flanc, au chambranle de la porte entrouverte. La buanderie, avec ses murs chaulés, son sol dallé de ciment net, est un territoire sans âme, un passage indigne qu'on s'y attarde. Mais il y a au fond une autre porte, entaillée d'une chatière à son pied.

De l'autre côté, on plonge dans des jardins un peu sauvages, où l'on entend parfois, par-dessus les touffes des fraisiers, tinter des pioches sur les cailloux. On sera bien, l'après-midi, à laisser descendre le soir sur la paix des jardins sauvages. Les murs, alors, rayonnent une douce lumière dorée. La terre est déjà froide, que leurs vieilles pierres encore caressent le flanc qui s'y appuie d'une bonne chaleur rugueuse et sèche. L'air sent la pêche. Le ciel vert est un lac limpide où des ramures balancent leurs palmes, où nagent les martinets dans un lointain vertigineux.

Rroû s'attarde, oublieux du temps, dans la transparente paix du soir. Et tout à coup il bâille de faim, se dresse sur ses pattes et pousse un miaulement quémandeur. Où est Madeleine ? Vite l'écuelle entre ses mains rouges, le raclement que fait l'argile grenue lorsqu'elle touche la marche du seuil... C'est agaçant, l'écuelle est loin, dans la vieille cour. L'itinéraire se recompose : la chatière ; il est dessous. La buanderie ; il est dedans... Quel scandale ! La porte est fermée.

Il a flairé, gratté à l'huis, miaulé et grondé tour à tour. Mais la porte est demeurée close. Alors il s'est calmé. Il a compris à sa détresse même que le jeu devenait sérieux, qu'il fallait s'y vouer tout entier. Et dès qu'il a senti sa résolution se durcir, toute sa détresse a disparu.

Une fois de plus, voici la récompense : non seulement il a découvert l'autre chemin qu'il devait suivre, mais ce chemin s'est révélé très vite plus bellement divers, plus grisant que la plate route habituelle. Il est revenu dans les jardins, il a sauté (on appuie en plein bond ses pattes de devant au crépi) sur les tuiles faîtières d'un mur bas. Il a longé, suivant ces tuiles, une étroite corniche qui contourne la buanderie, et de nouveau un mur faîté de tuiles. En regardant à gauche, ce n'était pas très haut ; mais à droite, du côté du royaume, et de la rue, et de la soupe, c'était trop haut pour qu'on pût sauter. Il a continué de marcher, jusqu'au toit mitoyen qui s'abaisse par-delà le mur. Et il a jugé d'un coup d'œil que, là encore, le saut était dangereux.

A ce moment, la détresse a failli revenir. Il a miaulé tout bas, imploré un secours, songeant au temps bien proche encore où sa mère l'enlevait dans sa gueule. Mais tout à coup, regardant l'abîme et mesurant sa profondeur, il a vu l'arbre, le vieux poirier qui tord ses branches dans la cour de l'accueillante maison. Une branche, une fourche, une autre branche, le tronc noueux qu'on descend tête en bas, et déjà le terreau élastique. Voyons, voyons... sans aucun doute, je suis dans le royaume ; je touche la marche de la cave, la dalle de fonte qui couvre le puits, je trotte le long de la buanderie. Quel dommage que la porte soit close ! Je ne peux pas recommencer ce soir.

Mais le plaisir emporte l'impatience. Rroû exulte de sa découverte, il refait en pensée son étonnant voyage, part de cette place dans le jardin sans hommes, et s'y retrouve, le circuit mentalement bouclé. C'est admirable, d'autant plus que maintes impressions, un peu troublées là-haut par l'inquiétude, à présent se font jour et prennent une merveilleuse saveur. Demain, demain matin...

Et le matin suivant la porte était ouverte. Naturellement. Et la chatière étincelait de soleil. Un saut sur le mur bas, comme hier, et déjà la corniche propice guidait les pas vers le grand mur. Les tuiles, sur sa crête, offrent leur ampleur commode. Elles sont rugueuses, moussues, velouteuses sous les pattes. Et tout est bien comme on avait cru voir : à gauche, à bonne distance de saut, la terre des jardins sauvages soulève jusqu'aux tuiles un flot de broussailles bouillonnantes. Les fusains, les lilas et les genêts d'Espagne vous frôlent le flanc au passage.

Des pointes de branchettes grattent, contre lesquelles on s'appuie longuement ; à moins qu'on ne s'arrête, les yeux mi-clos de contentement, pour y frotter ses babines moustachues. C'est rude, cela fait presque mal. Le ronronnement monte dans la gorge ; et les paupières demeurent entrefermées tandis que les narines aspirent l'odeur des buis amers, et celle d'un poulailler voisin dont on entend caqueter les gelines.

A droite, décidément, c'est très haut. Mais les tuiles sont assez larges pour qu'on n'ait presque rien à craindre ; et dans l'angle du mur, au bout du dallage rose et brun, le vieux poirier tend sa ramure. Qu'est ceci ? D'autres chats ont passé où je passe. Je peux flairer leur trace au ras des petites plaques de mousse, aux bourgeons des branchettes pointues ; ici encore, dans le vieux poirier : l'écorce, en fines estafilades, porte la marque de leurs ongles. Et moi aussi j'écarte mes doigts, j'égratigne en coulant jusqu'à terre le tronc moins dur que mes jeunes griffes. J'ai fait complètement le tour, je veux recommencer encore.

Deux fois, trois fois il recommence. Il est anxieux, il est ravi, grisé d'orgueilleuse solitude. Mais à ce dernier voyage, comme il suivait l'avenue de tuiles, une grosse tête blanche et jaune a surgi tout au bout, à l'arête du toit mitoyen. Miséricorde ! Quel puissant matou ! Il vient de sauter sur les tuiles, d'un bond léger, tranquille et sûr de soi. Il approche, le collier touffu, allongeant des foulées régulières. Ses yeux, froids et distants, paraissent ne point voir le chaton rasé sur les tuiles ; leur regard, par-dessus Rroû, fixe un point mystérieux et lointain, peut-être le soleil dans le ciel.

A gauche ! A gauche ! Heureusement qu'on a pu sauter, débarrasser l'étroit passage. Est-ce qu'on pouvait rester là-haut, même en se faisant plus petit ? Il n'y avait qu'une place sur la route aérienne, une seule place pour ce seigneur, pour sa démarche hautaine et royale. Rroû, blotti sous les fusains, écoute son cœur qui bat et peu à peu s'apaise, comblé déjà, heureux du souvenir qu'y laisse la terrible aventure.

Sa tête se risque hors du couvert, il lève les yeux vers la crête du mur. Le matou n'y est plus, il a dû poursuivre sa route, très loin, vers l'éclatant soleil. Il ne reviendra pas pour un chaton qu'il n'a même pas vu. Je retourne ? Je peux retourner ? En tout cas me voici là-haut, à la place où passait le matou. Je passe, je vais, je viens, seul sur le chemin de tuiles, la tête haute et les yeux dédaigneux. Qui passe ici ? Le chemin m'appartient. Je ne vais pas plus vite, je ne saute pas sous les fusains. Je m'arrête, je m'assieds. Et voyez : je fais ma toilette à la crête élevée du mur, assis sur la tuile même où nous aurions dû nous croiser, moi, Rroû, et le matou qui s'est sauvé.

VI

LE MARRONNIER ROSE

MAINTENANT qu'il sait grimper aux arbres, il explore le cèdre et le marronnier rose. Ce sont les deux seuls arbres qui croissent dans l'étroit jardin : car le poirier n'est pas un arbre, c'est une échelle sur le chemin des chats. Mais les deux arbres sont très beaux, et leur ample ramure couvre d'ombre tout l'enclos.

Le cèdre est un peu froid, un peu trop grave et solennel. Ses branches s'étalent majestueusement, un étage après un étage, très haut, par-dessus la maison. Le meilleur plaisir qu'on lui doive, c'est de s'avancer sur une branche, plus loin, encore un peu plus loin, jusqu'à ce que cette branche commence à s'incliner lentement. A ce point juste, il faut s'arrêter, porter son poids un peu en arrière. Alors la branche se relève avec la même lenteur flexible. On n'a plus besoin de l'aider : le balancement est né dans les fibres du bois, et toute la branche vous berce avec une douceur puissante.

Le marronnier est plus bonhomme, plus familier dans sa manière de vivre. Presque tout de suite, Rroû l'a préféré au cèdre. Parmi les aiguilles bleuâtres on a froid comme dans un désert. A peine quelques toiles d'araignées tremblent-elles dans le clair des branches ; les mouches qui dansent dans les trous de soleil ont tout le champ qu'il faut pour éviter leurs grossières embûches ; les araignées elles-mêmes s'ennuient au centre de leur toile.

Mais dans le marronnier rose, c'est un laisser-aller bourdonnant, un désordre où la vie palpite. L'ombre et le soleil s'y mêlent, des taches bleues, des taches dorées, qui ne cessent de bouger, de frémir, comme frémissent les feuilles innombrables. Elles sont vertes, les feuilles, mais aucune d'elles n'est verte comme les autres : il en est dont le vert brille jusqu'à éblouir, d'autres d'un vert acide et frais, et d'autres d'un vert lourd et noir ; beaucoup jaunissent, toutes pâles et pendant sur leur tige, ou bien, rissolées de soleil, prennent des reflets de cuivre et crissent sèchement dès qu'on les touche.

Le mieux, c'est de choisir une fourche commodément courbée, d'y allonger son corps et de ne plus bouger. Alors toutes les choses viennent à vous, elles vous traversent de leur fantasmagorie. Les mouches d'automne fusent en étincelles ; elles dansent du soleil à l'ombre et leur fredon vibre comme la lumière. On ne bouge toujours pas, on est de plus en plus inerte. Les yeux seuls dardent leurs regards glauques, et les narines frémissent continuellement. Parmi les mouches bleues et vertes, de grandes tipules montent et descendent, transparentes, leurs longues pattes traînant dans leur vol ; des éphémères blonds dérivent comme des flocons. Ils passent parfois si près que malgré soi on se sent tressaillir ; mais on ne les cueille qu'en pensée, on demeure immobile dans la fourche de branches, au milieu de leur danse verticale.

Parfois aussi le bruit d'un autre vol émeut : c'est un ronflement vif qui brusquement approche, et dans le même instant retentit sous les feuilles, où il se tait. Un chardonneret s'est posé dans l'arbre, presque à portée d'une détente de patte. Les yeux verts s'élargissent et l'échine s'aplatit davantage. Juste le temps de distinguer les rémiges jaunes et noires, le chaperon cramoisi, les pattes fines, et déjà le chardonneret est loin. Mais peut-être, s'il revenait, pourrait-on sauter assez vite, presque d'avance, et surprendre son vol à la seconde où il se pose.

Tout cela bouge, bruit et brille autour de Rroû toujours immobile. Moins il remue, et mieux il perçoit de toutes parts la vie touffue du marronnier. Non loin, à l'aisselle de deux branches, se creuse le nid abandonné ; un nid de chardonnerets, doucement arrondi, au cœur duveteux et serré que les orages n'ont point déchiré. Il sait que demeurent au fond, olivâtres et tachetés de roux, les fragiles débris des coquilles qu'ont crevées les oisillons. Que de fois, les yeux sur le nid, il a poussé à voix retenue un chant très lentement modulé, qui dans le bourdonnant silence où il se prolongeait sans trêve lui semblait à la fin ne plus éclore dans sa poitrine, mais venir de l'arbre et des feuilles et bercer son muet bonheur !

Il chante tout bas, ensorcelé de béatitude. Le soir d'automne baigne la ramée d'une égale clarté jaune et rose. L'ombre monte du pied de l'arbre et sa crue gagne de branche en branche. Elle surprend Rroû, pénètre doucement son pelage. Il frissonne tout à coup et s'étire, du bout des pattes à la cime de ses reins. Encore une fois il bâille. En même temps que la fraîcheur mouillée du soir, il sent le vide de ses entrailles. Ah ! pourquoi faut-il s'en aller, rentrer encore dans la cour de Madeleine, et disputer aux bêtes de la cour sa part de pitance quotidienne ? Tous les soirs, alors ? C'est odieux.

Une tristesse maussade l'envahit. Il s'étire de nouveau, sans pouvoir se résoudre à descendre. Volontaire et chagrin, il espère, il exige une impossible intercession. Et c'est alors que survient le miracle. En bas, dans le royaume même, une voix inconnue retentit, bien plus tendre que la voix de Madeleine :

« Mimine ! Mimine ! » appelle cette voix.

Il se réserve encore, il écoute. La voix monte, caressante, dans la paix du jardin ; un bruit de lèvres fait l'appel plus câlin :

« Mimine ! Mimine ! »

Et maintenant il ne peut plus douter : le fond d'un bol racle la pierre, une odeur de soupe chaude lui parvient dans le vent.

Devant la cuisine de Clémence, il a montré son museau noir. Il ne s'est qu'à peine arrêté quand il a vu la femme inconnue : juste le temps, la tête levée, de mêler son regard à celui de Clémence, de lui répondre avec ses yeux, familier dans l'instant et supérieur un peu :

« Eh bien quoi, bonne femme : me voici. »

VII

CLÉMENCE

QUAND on l'a choisie librement, il est doux d'accepter l'amitié d'un humain, ses prévenances, sa sollicitude. Rien n'oblige d'ailleurs à les subir continuellement : on les sait, on a la certitude qu'on les trouvera fidèles sans défaillance, toutes les fois qu'on daignera en accueillir l'hommage extasié.

Rroû, dans les yeux clairs de Clémence, a distingué dès le premier instant la ferveur de l'amour et du don de soi-même. Et depuis, tous les jours et cent fois chaque jour, il a reçu les témoignages d'une ingénieuse et tremblante tendresse.

Clémence est grande et maigre, déjà vieille. Elle porte sur ses cheveux lisses un bonnet blanc immaculé ; un tablier de toile bleue ceint ses hanches plates et sa jupe noire. Ce que Rroû aime en elle, ce sont d'abord ses mains, ses mains aux doigts gercés qui dispensent les friandises, les lambeaux de viande crue ou les têtes de poissons, et la couenne du jambon où elle n'oublie jamais de laisser une lisière de chair rose.

Rroû aime encore sa voix, plus criarde souvent que la voix même de Madeleine, mais qui toujours s'adoucit et caresse lorsqu'elle lui parle et lui dit son amour. Alors, Rroû aime aussi ses yeux.

Les yeux de Clémence sont gris, pleins d'une clarté unie qui se laisse traverser jusqu'au fond. Les autres hommes ont des yeux durs ou troubles. Clémence seule regarde dans la lumière, sans rien cacher de son âme ingénue.

Et c'est pourquoi on la domine avec une aisance désinvolte, sans avoir jamais à ruser, à se garder contre une surprise pénible. Le pacte est clair comme les yeux de Clémence : une fois pour toutes et pour toujours, elle est serve. Rroû dispose d'elle à son caprice, lui donne ses ordres d'un miaulement bref, d'un simple geste ou par sa seule présence.

Souvent même il n'a pas besoin d'intervenir personnellement. Ainsi les tintements des cloches qui sonnent l'angélus de midi avertissent Clémence de tenir prêt le déjeuner. Depuis le cœur du marronnier ou sur le faîte du mur aux chats, Rroû l'entend qui verse le lait, prend et reprend le bol, parfait pour son régal une velouteuse et nouvelle mitonnée. Il lutte exprès contre son désir, écoute le grésillement du beurre qui pétille dans la poêle, hume à fond d'estomac les odeurs de la cuisine. Et, quand la salive noie sa langue, que vraiment il n'y peut plus tenir, il saute en bas et se jette sur le bol.

Quelle cuisinière, cette Clémence ! Et comme on a plaisir à lui octroyer compliment ! Sans pour cela perdre une lampée : de la queue seulement, balancée en molles inflexions, et du ronronnement d'aise qui monte vers le visage penché. Car elle reste debout sur la porte aussi longtemps que Rroû déjeune. Lorsque, le bol nettoyé à plate langue, il relève enfin la tête, il est sûr de revoir Clémence courbée sur lui de tout son buste, et ses yeux heureux qui sourient. Leurs regards se rencontrent, et celui de Clémence s'illumine davantage. Elle s'accroupit, promène sa main à travers le pelage ténébreux. Et elle questionne, elle s'inquiète humblement :

« C'était bon ? Tu n'as plus faim, mon petit Rroû ? »

Il n'a plus faim, mais il accepte encore une gorgée de lait crémeux, l'avant-dernière, puis la presque dernière. Aussi longtemps qu'il voudrait laper, Clémence laisserait couler la source blanche qui sort de la casserole. C'est lui qui cesse le premier, et qui s'éloigne un peu pour montrer qu'il en a assez, que c'est fini. A présent il est doux de s'étendre sur le sable, et d'allonger son corps pour mieux l'offrir à la main de Clémence.

Elle le parcourt tout entier de la paume, elle n'en oublie pas une parcelle. Sa paume est rêche, calleuse ; elle gratterait comme une planche bourrue si sa courbe n'était si tiède. Quand le flanc gauche est bien caressé, Rroû se retourne d'un léger coup de reins et présente le flanc droit à Clémence. Et Clémence cependant pousse des exclamations mignardes, projette des sourires à menues secousses de menton, et parle en zézayant comme on fait aux petits des hommes.

Cette manie qu'elle révèle de parler quand c'est inutile, voilà un défaut de Clémence. Elle n'en a pas beaucoup, mais enfin, elle en a : et par exemple, encore, elle est un peu trop bonne ; elle l'est trop constamment, à l'égard de n'importe qui.

Est-ce que Frère blanc, depuis quelques jours, n'a pas l'outrecuidance de se montrer dans le royaume ? Il a étonnamment grandi ; mais il demeure si sot, si franchement négligeable que son apparition n'aurait point d'importance sans l'aveuglement de Clémence. Comment ne reconnaît-elle pas l'insignifiance de Frère blanc ? Elle feint de le chasser, agite mollement quelque torchon. Mais quand Frère blanc revient sous les menaces, avec son éternelle et rampante obstination, Clémence cède à son vil manège, lâche le torchon et verse une goutte de lait. Moins qu'à Rroû, certes, mais encore trop.

Rroû, assis à quelques pas, affecte une indifférence absolue. A quoi bon même avertir Clémence, lui reprocher de ne pas voir combien sont ridicules les trémoussements nerveux du chat blanc, les battements raides de sa queue ? Puisqu'elle ne le voit pas d'elle-même, c'est inutile de le lui dire... Ah ! çà, est-ce que cette comédie va durer ? Est-ce qu'il va falloir, à la fin, griffer Frère blanc et le chasser ?

Rroû médite, de plus en plus faussement distrait. Un projet audacieux germe dans sa cervelle, et dans l'instant le soulève tout entier d'une impulsion irrésistible. Il passe devant Frère blanc, il passe devant Clémence, se frôle câlinement à ses jupes. Et tout à coup, avec une souplesse résolue, il franchit le seuil de la maison.

Voilà, Frère blanc ! Et voilà, Clémence ! Je suis celui qui va droit devant soi, qui ne tortille pas la croupe, qui accepte parfois mais ne mendie jamais. Je suis celui qui ose et qui commande, aux êtres comme à la maison.

Pour Frère blanc demeuré dehors, Rroû n'a même plus une pensée. Pour Clémence, un regard suffit. Elle est rentrée dans sa cuisine, et Rroû comprend immédiatement qu'elle est heureuse de l'y voir avec elle, qu'elle souhaitait timidement cette présence dans la maison.

Mais pourquoi, si elle la désirait, n'a-t-elle jamais osé avouer clairement son désir ? C'est que Clémence est pusillanime. C'est que toute initiative sérieuse appartient à Rroû, non à elle. Cela est on ne peut plus net : à ce point même, peut-être, que si Clémence avait invité Rroû à pénétrer dans la cuisine, il aurait refusé pour la rappeler au respect du pacte.

Ne cherchons pas plus loin. Nous sommes en fait dans la cuisine. Nous regardons déjà, au fond, la porte qui s'ouvrira bientôt sur le mystère de la maison. Et Clémence n'a rien dit, naturellement ; naturellement aussi, elle est contente. Tout s'est très bien passé. La vie est belle.

VIII

LE MAITRE

SAVEZ-VOUS ce que c'est qu'une maison ? Frère blanc, le chien, la mère chatte ne savent pas ce que c'est qu'une maison. Même les hommes de la cour ne peuvent pas le savoir. Personne ne le sait, que les seuls Rroû et Clémence.

Une maison, il n'en existe qu'une, et c'est la mienne. Nulle part ailleurs il ne peut y avoir, bien caché entre des murs épais, un tel amas de magnificences. La cuisine seule, déjà... Ses placards aux vantaux lisses et lourds, malheureusement inaccessibles, son évier qu'un seul bond me livre, où il y a toujours quelque friand morceau à glaner, sa table épaisse qui sent l'ail et la chair, et la magique boîte à ouvrage où brillent les ciseaux de Clémence, où se pelotonnent inexplicablement des écheveaux de fil assez longs pour ceindre le monde ; et puis les chaises et l'escabeau, le tapis-brosse où l'on se fait les griffes, à moins qu'on ne préfère la paille serrée du balai qui, dans les mains débonnaires de Clémence, ne sert jamais qu'à balayer . et les fourneaux enfin, surtout la monumentale cuisinière qui chauffe presque tout le jour, à présent que le temps devient aigre.

Entre ses pieds, sous le four, Clémence serre dans une caisse de bois des vrillons et des allume-feux. Ceux-ci sont anguleux et durs, et Clémence l'a compris bien vite : il a suffi, devant elle, d'exagérer sa gêne à trouver une bonne place dans la caisse. Elle a retiré les cotrets, les copeaux trop rugueux qui risqueraient d'écorcher Rroû, et n'a laissé que les vrillons moelleux. La caisse, avec sa litière chaude et sèche, est devenue un délectable lieu d'asile où l'on goûte un bien-être sans trouble.

Il y règne une obscurité presque aussi noire que le pelage de Rroû. Lorsqu'il s'y tient blotti, c'est impossible de l'apercevoir. Souvent même, sans l'avoir voulu, il a de là-dessous terrifié la craintive Clémence. Il tressaillait en rêve et froissait les vrillons, ou jaillissait brusquement au-dehors. Alors Clémence reculait en sursaut. Elle s'exclamait : « Heulla ! » et aussitôt se mettait à rire, disant à Rroû : « Tu m'as fait peur... »

Et cela, comme toujours, s'achevait par des caresses — caresses des mots tendres et des yeux pleins d'amour, des mains légères promenées le long des flancs.

L'après-midi, lorsque Clémence reprise, son tablier se creuse dans son giron. Si Rroû, alors, veut la combler de joie, il n'a qu'à sauter dans ce creux. Il y saute, il s'y pelotonne : c'est une offrande qui lui coûte peu car il sait qu'on est bien à cette place, mollement soutenu et pénétré d'une chaleur vivante, presque aussi bonne que celle du fourneau. Clémence tire son aiguille et reprise de travers, parce que Rroû la taquine sans arrêt : cette longue aiguillée qui va et vient devant ses yeux n'est-elle pas une invite, une provocation au jeu ? Il la poursuit d'une patte et de l'autre, tantôt légèrement, faisant doigts de velours, et tantôt à griffes écartées pour briser sa coulée monotone. Ah ! enfin ! La pointe d'un de ses ongles a piqué dans le brin de coton ; il le porte vivement à sa gueule, le mordille sec ; et le voilà rompu. Clémence feint d'être mécontente. Tout en renouant le fil brisé, elle marmonne entre ses dents : « Finis donc, vilain, tu m'agaces... » Elle ne peut achever le nœud : les floches libres du fil tournent, volètent entre ses doigts, et la patte de Rroû les poursuit, se pose effrontément sur les mains mêmes de Clémence.

« Ah ! cette fois, Rroû, je te préviens : si tu recommences, je te chasse. »

Rroû recommence, en regardant Clémence dans les yeux. Me chasser ? Il ferait beau voir ! Me chasser ? Quand j'ai la gentillesse de me blottir dans ton tablier, de te prêter, à toi toute seule, ma grâce soyeuse, ma douce chaleur, ma joie de jouer avec ton aiguillée de fil ! A la bonne heure ! Tu es longue à comprendre, mais enfin tu comprends et tes yeux me le disent. Abaisse cette main dérisoirement levée... C'est bien. Maintenant, tu peux continuer ta reprise : je reste.

Ou plutôt, non, je m'en vais. Pourquoi ? Parce que j'en ai envie. A tout à l'heure, Clémence ! Je fais un tour dans la maison.

Un chat noir qui se glisse par l'entrebâillement d'une porte, cela ne s'entend pas dans la grande paix du logis. Et d'ailleurs, il n'y a personne ; le vestibule est vide, et la cage d'escalier, sonore et nue, s'envole là-haut vers les étages.

Pourtant quelque chose trouble Rroû, de vagues souvenirs jamais approfondis, mais qui toujours s'éveillent dès qu'il pénètre au cœur de la maison. Plusieurs fois, de la cour ou de la cuisine, il a perçu dans le mystère des murs un bourdonnement de voix assourdies. Clémence parlait dans une chambre lointaine. Elle ne pouvait parler à Rroû, du moment qu'ils n'étaient pas ensemble ; ni toute seule, si bavarde qu'elle soit : on ne parle pas seul à voix haute. Alors, à qui parlait Clémence ?

D'autres fois, il en est sûr, un pas lourd résonnait quelque part, bien plus lourd et plus dur que celui de Clémence. Qui marche ainsi dans la maison ? Personne, il a rêvé, le vestibule est vide ; et de même l'escalier qu'il grimpe avec circonspection.

En haut, sur le palier, Rroû s'arrête. Il y a des portes partout, des portes hermétiquement closes.

Le silence devient étrange, d'une densité qui semble suspendue, prête à crouler avec les murs. Rroû écoute, et s'effraie de ne rien entendre. La peur coule sous les portes fermées. Il descendrait à toute vitesse, s'il n'était en proie brusquement à cette paralysie brève dont l'annihile d'abord, lorsqu'elle le surprend, la peur.

Et c'est à la seconde où il est ainsi garrotté qu'une des portes s'ouvre soudain, et que l'homme surgit devant lui. La voix de l'homme résonne, tombe sur sa tête sans lui laisser le temps d'échapper à son désarroi.

« Qu'est-ce que c'est que ce diable ? » dit l'homme.

Il se penche, il tend sa main. Et tout à coup Rroû n'a plus peur, s'ébahit d'une caresse plus souple et plus savante que celle même des mains de Clémence. Il cède, un peu anxieux encore, inquiet maintenant de sentir cette main d'homme robuste et dure sous sa douceur voulue. La voix de l'homme aussi est forte, dominatrice malgré son accent familier :

« Là ! dit l'homme. Tu es un beau chat. »

Mais inopinément sa main se soulève et s'écarte. Il est debout, et sans même un regard vers Rroû, descend posément l'escalier.

Est-ce qu'une telle chose est explicable ? Cette gentillesse enveloppante, et tout à coup ce froid dédain ? L'homme est déjà en bas, sans s'être une seule fois retourné. Il ouvre d'autres portes et donne des ordres à Clémence. Il va, il vient, traverse en tous sens la maison, et toujours du même pas égal, parlant parfois de la même voix tranquille. Rroû l'entend juste qui répète, devant Clémence, les mêmes mots qu'il a dits tout à l'heure :

« Qu'est-ce que c'est que ce chaton noir ? »

L'angoisse revient et serre le cœur. Toutes les choses dans la maison cèdent évidemment à la volonté de l'homme. Il est le maître du domaine clos, des arbres, de Clémence et de Rroû. Comment s'enfuir seulement sans qu'il entende et voie ? Où est-il, à présent ? Il est partout, il n'y a plus moyen de ne pas le rencontrer. Ah ! sa voix, sa voix toujours tranquille et grave... Elle se tait ? Oui, elle se tait... Se tait encore ? Oui, on n'entend plus rien. Et la maison respire, et la poitrine de Rroû s'élargit librement, et la voix de Clémence monte dans la cage de l'escalier :

« Viens, mon petit. Descends vite. »

Ils sont tous deux dans la cuisine. Les bonnes mains de Clémence tremblent encore un peu. Ensemble, par intervalles, ils épient vers la cour le bruit d'un pas qui pourrait revenir.

« Il faut rester là, dit Clémence. Il ne faut plus entrer dans la maison. Tu entends, Rroû, tu as bien compris ? »

Et Rroû comprend au timbre de la voix, à l'expression triste des yeux, qu'il y va cette fois de choses graves, peut-être même, qui sait, de son bonheur tout neuf.

IX

LES VIEILLES FILLES

CHAQUE samedi, jour de « grand nettoyage », Gertrude vient aider Clémence. Qui est Gertrude ? C'est une autre vieille fille, non moins docile et prévenante que Clémence. Lorsqu'elle vient à la maison, Rroû a deux esclaves au lieu d'une.

Gertrude est aussi boulotte que Clémence est grande et sèche. Ce qu'elle a de plus remarquable, c'est son nez, un nez grenu et poudré de tabac qui porte une touffe de poils sur l'aile : c'est bien dommage qu'il soit trop haut perché pour que l'on puisse jouer avec. Au lieu de mettre un bonnet blanc, Gertrude serre ses cheveux sous un fichu de laine noire. Après sa silhouette et son nez, c'est la seule particularité qui la distingue de Clémence. Toutes deux s'affairent, évoluent de concert, frottent en chœur les carrelages ou les vitres. Quand l'une quitte son tablier bleu, l'autre est en train de dénouer le sien ; elles ceignent ensemble le tablier de serpillière, l'une rinçant, l'autre essorant, l'une étendant le linge sur les cordes pendant que l'autre fiche les épingles.

Elles parlent aussi ensemble, très rarement l'une après l'autre. Quand Clémence exhale son « heulla », Gertrude soupire. Et quand le rire de Gertrude chevrote, c'est que Clémence est d'humeur gaie. Rroû évolue entre leurs jambes, se frotte à leurs jupes rapprochées et partage entre elles ses ronrons. Clémence est à peine jalouse, parce qu'elle songe aux six autres jours où le chaton appartient à elle seule. Cette gracieuse présence entre elles les unit et allège leur labeur. Elles craignent toujours de bousculer Rroû, de marcher sur lui par mégarde :

« Fais attention, sapré empêtreau ! Pour un peu nous allions t'écraser. »

Voilà comment parlent deux bonnes vieilles filles, aux jambes traînardes, aux gestes interminables. Et voilà ce qu'elles disent à Rroû, qui bondirait au faîte du marronnier avant qu'elles aient soulevé un pied ! Laissons-les dire, elles sont contentes.

Le samedi, aux heures où Gertrude est là, le maître est toujours absent. Peu importe où il est, du moment qu'il est ailleurs. Si la grille de fer se met à grincer sur ses gonds, il n'y a pas à s'inquiéter : c'est Céline qui vient en visite.

Elle vient tous les samedis, escortée de Coquet, son chien fox. Après que la grille a grincé, il s'écoule une bonne minute avant que Céline apparaisse : c'est qu'elle attache Coquet à la porte. Ainsi l'a exigé Clémence, dès la première rencontre entre le chat noir et le fox. Une sale bête, ce fox, bien plus odieuse que l'épagneul breton. Il aboyait à s'étrangler, tout secoué de fureur sur ses pattes nerveuses, les yeux sanglants, les crocs à l'air. Et l'échine de Rroû montait haut par-dessus sa tête, et sa queue par-dessus son échine ; et il crachait terriblement.

Cela a bien failli provoquer une folie générale. Clémence avait pris le balai, et, sans peur pour une fois, tapait sur les reins de Coquet. Céline criait : « Vous battez mon chien ! » Gertrude, tout éperdue, criait aussi du haut de sa tête. Jamais les arbres du jardin n'avaient vu pareil scandale. Le marronnier secouait ses branches, et les chardonnerets, les pinsons s'envolaient à tire-d'aile vers la paix des autres jardins.

Mais comment les vieilles filles sauraient-elles vraiment se fâcher ? Tout a fini par s'arranger. Puisque Céline, quand elle vient en visite, ne veut pas abandonner son chien (elle a raison, Clémence et Gertrude la comprennent), qu'elle l'attache du moins à la porte pour éviter quelque affreux carnage. Ainsi tout le monde est satisfait, sauf le gémissant Coquet. Tant pis pour lui ! Rroû ne le redoute pas, mais il aime autant qu'on l'attache.

Pendant que le captif tire sur sa laisse en pleurnichant, les trois vieilles filles tiennent conseil dans la cuisine de Clémence. Rroû est au milieu d'elles, assis par terre bien sagement, la queue repliée sur sa cuisse. Il les regarde à tour de rôle, comme s'il avait conscience qu'il est question de lui et que le débat est sérieux.

« Ce qu'il faut, dit Gertrude, c'est d'abord en parler à Madeleine, et la mettre avec nous à fond. Ça ne sera guère difficile : on lui paiera un sac de bonbons, ou un peigne avec des diamants, un affûtiau pour sa toilette. Ces jeunesses, c'est glorieux de son corps.

— Qu'a dit Monsieur ? demanda Céline.

— Mon Dieu ! soupire Clémence, il a dit encore la même chose : « Vous attirez toujours cette bête, « et réellement je ne peux pas l'admettre. Ce petit « chat, Clémence, ne nous appartient pas. Si nos « voisins savaient votre manège, ils pourraient se « formaliser... » Voilà ce qu'il m'a répété pas plus tard que ce matin ; et j'ai grand-peur, mes bonnes, que nous n'ayons bien des arias.

— Mais il n'a pas dit non ? reprend Céline. Du moment qu'il n'a pas dit non... Et voyez-vous, Clémence, je suis sûre que le mignon lui plaît. N'est-ce pas, Rroû ? Qui est-ce qui ne t'aimerait pas, mon pauvre petit bonhomme ? Dis à Clémence que j'ai raison, que Monsieur voudra bien te garder... »

Gertrude hoche le menton et suit rigidement son idée :

« Ce qu'il faut, répète-t-elle, c'est faire venir Madeleine ici. Et tout de suite, vous m'entendez bien !

Causer en l'air n'avance à rien : faut empêcher d'avance que Monsieur puisse dire non. »

Elle se lève incontinent et se dirige vers la porte.

« Où allez-vous ? demande Clémence.

— Bon, fait Gertrude, vous le verrez bien. »

Ainsi Madeleine a été mandée par le conseil des trois vieilles filles. Elle a comparu devant lui, ramenée par l'autoritaire Gertrude. Elle était toujours la même, tavelée de taches de son, la voix criarde, sa tignasse rouge ébouriffée. Elle riait niaisement comme d'habitude, et ses yeux s'allumaient aux promesses qu'on lui faisait. Elle disait : « Pour un bout d' chat, j' m'en fiche pas mal. J' leu' z'y dirai, aux singes, comme vous voudrez : qu'il est voleur, qu'il fait partout, qu'il a la rage... Vous en faites pas, Clémence, c'est déjà comme si vous l'aviez. Mais laissez-moi quatre ou cinq jours. »

Et, les cinq jours une fois écoulés, — Seigneur, est-ce que jamais on en touchera le bout ? — Clémence, le cœur battant, a osé parler au maître. Elle lui a expliqué « que Madeleine était venue, venue d'elle-même à la maison ; et que, d'elle-même encore, elle avait juré ses grands dieux que, si Monsieur y consentait, les maîtres d'à côté ne verraient pas d'inconvénient à ce que Rroû changeât de famille ; que déjà ils avaient deux chats, qu'un troisième les embarrasserait plus qu'il ne leur rendrait service, et que... »

Le maître a écouté en souriant le très long plaidoyer de Clémence. « C'est bon, a-t-il conclu, je verrai les voisins tantôt. »

Et dès le soir, en rentrant chez lui, il s'est baissé pour caresser Rroû, d'une telle façon qu'il n'a eu besoin de rien dire, ni à Rroû, ni à Clémence.

X

FRÈRE BLANC

DÉSORMAIS c'est une chose entendue, irrévocable : Rroû est le chat de la maison. Le seul. Entre tous ceux qu'elle aurait pu avoir, Clémence a élu celui-là. Elle a d'abord dit : « notre chat » ; et bientôt elle a dit : « mon chat ». Toutes les fois qu'elle appelle « Rroû », elle charge cette syllabe d'un accent prestigieux, où il y a ensemble du triomphe, du défi, et surtout une délectation toujours neuve. « Rroû », sur les lèvres de Clémence, cela veut dire : « Il est à moi, je l'ai gagné et je le garde. Demain, l'année prochaine, j'appellerai Rroû comme je le fais maintenant. Et personne ne peut rien là-contre. C'est *mon* chat. »

Elle le dit à Gertrude, à Céline. Si elle consent encore à le partager avec elles, c'est pour mieux savourer le sentiment d'être la première, de se prêter bénévolement à une apparence de partage. Car elle sait bien, Clémence, que le temps est son allié, cette longue suite des heures de chaque jour où un chaton a besoin de manger, de dormir, de folâtrer, de retrouver pour son repos un coin douillet, un îlot de chaleur. Et elle est toujours là, elle seule ; elle ne quitte jamais la maison.

C'est justement à cause de cette solitude qu'elle est à présent si heureuse. Celles qui ont un foyer bien remuant où l'homme, rentrant du champ, de l'usine, apporte sa tendresse et sa force, où des enfants drus font leur train, et plus tard, quand on a vieilli, de doux petits-enfants jaseurs, celles-là ne peuvent pas bien savoir. Tout le monde n'a pas le cœur assez abandonné, assez désireux de se prendre, pour regarder seulement une petite bête un peu sauvage ; encore moins pour l'accompagner dans sa vie, pour s'apercevoir peu à peu qu'un monde de passions, de sentiments et de pensées aussi traverse sa cervelle obscure, tour à tour l'illumine ou l'attriste, et que cela, qui n'est que Rroû, peut souffrir, peut être heureux, reconnaître qui le blesse ou le choie, et finir par aimer à sa façon sauvage une vieille fille trop souvent seule. Tout le monde, non plus, n'a pas le grand bonheur de pouvoir choisir à son gré.

Maintenant qu'elle a trouvé ce petit compagnon, Clémence perçoit mieux, derrière soi, le désert de sa solitude. Elle en sent le froid sur sa nuque, elle s'en effraie rétrospectivement. C'est alors qu'elle aime contempler Rroû, s'enchanter de sa grâce câline et répondre avec des mots humains aux regards glauques où elle lit tant de choses.

Le maître, presque toujours, est parti par les routes du canton. Il est médecin, il ne s'est jamais marié. Et certes, tant d'années qu'ils ont vécues sous le même toit ont fait grandir entre Clémence et lui une affection paisible et forte. Mais pour elle il reste le maître, un homme qui aime les longs silences, et qui souvent demeure très loin au moment même où il semble écouter.

Rroû ne quitte presque pas la maison. Quand il ne ronronne pas sur le tablier de Clémence, elle l'entend remuer dans sa caisse, sous le fourneau. Et quand il file vers le jardin, elle sait qu'il n'ira pas plus loin que les branches du marronnier rose ou que les tuiles du mur aux chats. Dehors, il commence à faire froid. D'aigres averses traînent sous le ciel gris. Ce froid, cette pluie ramènent Rroû vers la chaleur du feu, vers le tablier de Clémence. Elle le possède à son gré, et confie à Gertrude qu'« elle profite de sa société ».

Qu'a-t-elle besoin dorénavant d'accorder une aumône, un regard aux autres bêtes qui mendient sur le seuil ? Le chien errant qui hier encore trouvait toujours dans la poubelle un os laissé exprès pour lui, elle le chasse rudement vers la rue.

Et Frère blanc, ce matin, a pu comprendre une fois pour toutes que le domaine lui était interdit. Il restait pourtant à sa place, aujourd'hui comme naguère la seconde. Il attendait, assis à quelques pas, que Rroû eût achevé son déjeuner, qu'il lui abandonnât seulement, comme naguère, le fond du bol. Mais lorsque Rroû s'est éloigné, et que Frère blanc s'est approché du bol, Clémence a couru vers la porte, tapant des mains, faisant claquer sur la pierre d'attente les semelles de ses chaussons.

« Va-t'en ! Va-t'en ! criait Clémence. Je suis soûle de te voir ici ! »

Frère blanc, stupide, s'est écarté un peu pour laisser passer l'orage. Mais au lieu de glisser, l'orage s'est déchaîné encore. Clémence a couru droit sur lui en répétant avec plus de violence :

« Va-t'en, voleur ! Retourne à ta maison ! »

Frère blanc a dû se réfugier au plus touffu du massif de fusains. Entre les feuilles il regardait le bol fumant, le fond de bol onctueux, que Rroû avait laissé pour lui. N'était-ce point sa part et son dû ? N'avait-il pas observé tous les rites ? Quelle folie avait pris Clémence ?

Elle était enfin rentrée. Le calme accoutumé refluait entre les hauts murs. Alors Frère blanc a risqué un pas, puis un autre, et s'est approché du bol. Il l'atteignait, rasséréné déjà, quand la porte de la cuisine, ouverte d'une main furibonde, a lâché en ouragan une Clémence méconnaissable, le bonnet de travers, l'invective à la bouche et le manche à balai en main.

A peine si Frère blanc a eu le temps de sauter

sans dommage, entre ses barreaux de défense, le petit mur d'appui sur la rue. Le manche du balai lancé roide a fait sonner le fer des barreaux. Et Frère blanc, traversant la rue au galop, a pu entendre la voix de Clémence qui s'acharnait à le poursuivre et qui lui criait : « Sale chat ! »

XI

LE DIABLE

L'HIVER, depuis des mois, enveloppe la maison. Mais plus le froid est rigoureux dehors, plus la maison est chaude et délectable. Un homme en bleu est venu un matin, pareil aux chauffeurs des camions, qui a dressé dans le vestibule une lourde machine cylindrique d'où s'élèvent, jusqu'aux combles, des tuyaux noirs qui percent les plafonds. C'est dans cette chose que naît la chaleur. Auprès d'elle la mosaïque même, glaciale au plus fort de l'été, devient tiède sous le flanc qui s'y couche. Clémence nourrit ce génie bienveillant de cailloux noirs qu'elle verse dans sa gueule. Ils s'y engouffrent à grand fracas ; mais ce fracas, loin de l'effrayer, réjouit le cœur d'un chat raisonnable.

Le poêle rumine en murmurant. Des chocs légers, des froissements intérieurs révèlent sa vie secrète et débonnaire. Dans la pénombre du vestibule un rougeoiement allume son ventre. Le chat noir s'en approche avec vénération : grave, hiératique, il l'adore et lui rend grâces, arrondissant le dos, et faisant à petite distance le simulacre de s'y frôler. Plus près, encore un peu plus près... La pointe de la queue grésille, les poils de la moustache rissolent en offrande au génie noir et rouge.

A cause de lui, le vestibule est le meilleur endroit de la maison. La porte de la cuisine est ici, que

Clémence laisse exprès entrouverte, à l'opposé la porte de la rue, calfeutrée à son pied d'un gros bourrelet plein de sablon. Il y a encore d'autres portes, dont la seule qui nous intéresse est celle de la salle à manger.

Le maître, quand il déjeune ou dîne, nous admet en sa compagnie. Lui aussi, nous l'avons conquis. Si nous tardons au rendez-vous, nous l'entendons qui demande à Clémence : « Qu'avez-vous fait de Rroû, ce matin ? »

Rroû ne le laisse pas trop attendre. Il pousse un peu la porte du museau, et la porte cède aussitôt, comme toutes celles de la maison. S'il marque un léger temps d'arrêt au seuil, c'est seulement parce qu'il est un chat et que nul chat, jamais, n'a franchi le seuil d'une porte sans balancer un peu au passage. C'est aussi pour saluer le maître, pour lui faire en arrivant un petit signe d'égal à égal : « Je suis là, je viens de mon plein gré. Clémence ne fait de moi, tu sais, que ce que je consens qu'elle fasse. »

Il s'assied d'abord aux pieds du maître, sur un rond de sparterie. Mais puisque le maître mange, pour peu qu'il tarde à partager Rroû se lève et réclame son dû. Pas d'un miaulement, pas même d'un ronron flagorneur ; de sa patte appuyée sur la cuisse du maître, et qui tapote avec vivacité : « Allons, allons ! Qu'est-ce que tu attends ? » Il faut prendre le maître comme il est : distrait, déconcertant, et d'ailleurs irresponsable. Lorsque, le regard vague derrière ses rondes lunettes d'écaille, il demeure insensible et lointain, ce n'est point de sa part le signe d'une volonté mauvaise : c'est comme un trou d'absence où il tombe, où quelque chose de lui s'ensevelit et semble mourir.

Quand du moins il est vraiment là, et que ses yeux vivants vous regardent, il est charmant. Jamais il ne barguigne à choisir, dans son assiette, la bouchée la plus succulente. Il n'y a pas une autre main d'homme pour savoir, comme celle-là, couler ses doigts dans la fourrure de Rroû, gratter la nuque ou chatouiller la gorge. Cela procède du sortilège et mérite qu'on y prenne garde.

Car le maître est un puissant sorcier, et c'est un des mystères dont le monde est embelli. Cet être parfois si dérisoire, que Clémence même se contraint souvent à obéir, il est certain qu'il est le seigneur des choses bonnes, qu'il pourrait, si c'était son caprice, tarir le lait dans la casserole ou tuer le feu qui rougit le poêle. Par quelles voies, en vertu de quelle force, là justement est le mystère. Mais sur l'existence du mystère, Rroû n'a aucune espèce de doute.

Il l'accepte d'autant meilleure grâce que son intérêt s'en trouve mieux. Ce n'est pas une affaire que d'admettre quelques manies, si cette condescendance vous attire à coup sûr les faveurs d'un être puissant. Il suffit de songer à ne pas écarter ses griffes lorsqu'on tape de la patte le drap du pantalon, de refréner l'élan qui vous jette vers une friandise, de la cueillir délicatement entre les doigts qui la présentent, de remercier en retombant avec souplesse, d'une demi-cabriole qui enchante les yeux du maître. Ce sont des gestes propitiatoires, bientôt de faciles habitudes qui ne réclament plus d'attention.

L'hiver s'écoule ainsi dans un bonheur parfait, duveté de chaleur et nourri de chère délicate. Il fait si tiède dans la maison entière que la plupart du temps les portes intérieures sont ouvertes. Quand l'instant est venu de changer de service, le maître, au lieu de la sonner, appelle Clémence de sa place sans seulement élever la voix. Elle apparaît, les mains chargées d'un plat nouveau. Dès l'entrée elle regarde Rroû, elle lui fait signe par-dessus les épaules du maître, lui montre sur le seuil le plat qu'elle remporte avec elle, se livre enfin, jusqu'au moment de disparaître, à toute une pantomime furtive et tentatrice.

Quelquefois même, elle ose davantage : invisible dans sa cuisine, elle fait des lèvres un bruit d'appel, ou bien imite à fond de gorge le roucoulement même de Rroû. Lui, alors, dresse une oreille, hérisse le poil imperceptiblement. Et Clémence aussitôt récidive, songeant pour s'apaiser que, si Monsieur se fâche et lui reproche d'exagérer, elle répondra que c'était machinal.

Rroû, cependant, balance d'une patte et puis de l'autre, tiraillé entre deux désirs. Quelle promesse y a-t-il dans l'appel de Clémence ? Il ne peut pas douter qu'une invite aussi audacieuse ne présage une aubaine singulière. Mais s'il file, que dira le maître ? Et surtout, que refusera-t-il ? Rroû lève vers ses lunettes des yeux interrogateurs, le voit distrait, prend tout à coup parti et s'élance vers la cuisine. Mais au moment où il franchit la porte un bruit de lèvres clappe derrière lui, léger, si bref pourtant qu'il coupe net son élan. Rroû freine des ongles en pleine course, patine sur le dallage du vestibule, les pattes fauchées et le ventre glissant.

Le maître ne dit rien, souriant à part soi du bon tour joué à Clémence. Sa main, abaissée sous la table, offre à bonne portée de museau la friandise qui achève sa victoire, pendant que Clémence continue, solitaire, à moduler en vain ses roucoulements d'appel. Et quand elle vient pour le dessert, le maître rit de toutes ses dents. Il dit en montrant le chat noir :

« Ma pauvre fille, ce phénomène nous rend idiots. »

Rroû pourrait leur répondre qu'il ne le leur envoie pas dire, que depuis belle lurette il s'en est avisé pour son compte. Incontestablement, il règne. Pour reprendre le mot de Clémence, ce ne sont pas les hommes qui « profitent de sa société », c'est Rroû qui profite de la leur. A sa seule guise. Et toutes les apparences n'y sauraient rien changer.

Parce qu'il avait choisi, pour y dormir auprès du poêle, le bac en zinc du porte-parapluies, Clémence a étalé au fond un rectangle de molleton rouge. Alors Clémence, qui ne voit rien, ne s'est pas aperçue que Rroû avait grandi ? Et que cette intempestive garniture étrécissait encore le bac déjà un peu trop juste ? Rroû a retiré le molleton, et continué à dormir sur le zinc.

Il a fallu que Clémence l'y remît (que son zèle est donc maladroit !). Accroché du bout d'une griffe, le molleton a sauté encore. Et cette fois, même nu, le bac était décidément trop court. Rroû a dormi sur le molleton, mais hors du bac, en retirant le capiton de laine dès que Clémence l'y étalait, surpris un peu et scandalisé à la longue d'une obstination si aveugle.

En même temps qu'il grandit, sa force bout, son sang fermente. La patte de lapin que le maître a liée à une ficelle, il la poursuit à travers l'escalier, franchissant la volée d'un seul bond, sautant sur l'appui des fenêtres, virant, déboulant, déferlant. Et sans cesse lui monte à la gorge, de plus en plus rauque et sauvage, ce cri ardent et bas qui est de chasse guerrière et déjà de chasse amoureuse.

Par les nuits douces de février, tandis que les hommes reposent, il rôde par la maison, gagne la cave et s'évade par un soupirail. Dans la rue, dans les vieux magasins déserts, il continue sa quête à travers les greniers et les cours. Le fouet battant, il aspire l'ombre humide. Il feule, hanté dans tout son être par un désir, profond et vague, d'étreintes batailleuses ou tendres.

Où est Frère blanc le pusillanime, qu'il ferait bon gifler ou mordre ? Où est la chatte bigarrée, si mince de lignes et si gracieuse quand elle allonge son flanc sur le sable ? Où est le matou jaune et blanc, au collier large, qui passait sur les tuiles du mur ? Souvent, çà et là dans la nuit, des cris déchirants s'élèvent. Ils lui traversent la poitrine, le glacent d'effroi et cependant l'attirent. Rroû se tend vers les rugissements et les râles, vers les sanglots des grands chats en amour. Mais le gel, de nouveau, durcit la terre des jardins. Sa fièvre tombe un peu, son trouble passager s'apaise. Sa jeunesse redevient fougue légère, désir de jeu, de bonds désordonnés.

Sa forme noire, galopant du jardin aux chambres, est partout présente à la fois. Elle apparaît, elle disparaît, traverse les regards des hommes de traits ailés, de fugitives ombres soyeuses. Elle est pour la maison comme un libre démon familier. Rroû, hormis le maître et Clémence, n'admet pas que personne le touche. Les hommes qui l'approchent, il les fixe de ses prunelles froides, rasé bien à plat devant eux. Et quand leur main s'avance, il saute légèrement en arrière, et de nouveau se rase en les regardant droit aux yeux.

Gertrude, samedi, a voulu lui donner une caresse. Elle l'a surpris, sa main l'a effleuré. Mais aussitôt, en lui crachant au nez, il a dardé sa patte et griffé la main de Gertrude. Alors Clémence a triomphé :

« Je vous l'ai assez dit, ma bonne ! Même pas vous, c'est bien fini... Il n'y a plus que moi pour le prendre, pour en faire ce que je veux.

— Hum ! » a grogné Gertrude en suçant l'estafilade.

Clémence, cependant, caressait le ventre de Rroû. Couché par terre sous sa paume, le chat noir se roulait en exhalant un ronronnement rapide, un peu nerveux.

« Comme ça, comme ça ! exultait Clémence. Ce que je veux, Gertrude, vous voyez. »

Elle le maniait, le pétrissait, le faisait pivoter sous sa main. Et tout à coup elle a cédé à un transport de joie orgueilleuse, empoigné Rroû par sa queue noire pour le soulever dans ses bras. Gertrude, qui regardait, a vu le chat faire une volte en l'air, d'un tour de reins prodigieusement rapide. Un chuintement bref, un coup de patte : et Rroû, debout devant Clémence, la regardait avec défi. La main de Clémence saignait. Elle murmurait, pâle de saisissement:

« C'est de ma faute, je ne l'ai pas volé. »

Rroû est parti sans hâte, les jambes allègres et la queue verticale. Gertrude l'a suivi des yeux jusqu'à l'angle de la buanderie, et elle a dit en se signant :

« C'est le diable. »

DEUXIÈME PARTIE

I

L'AUTOMOBILE

Par les fenêtres grandes ouvertes, le soleil ruisselait dans la maison. La veille, l'homme bleu avait enlevé le poêle et démonté les longs tuyaux. Mais bien auparavant déjà, Rroû avait délaissé la maison pour le marronnier fleuri. Les fleurs dressaient leurs roses pyramides dans l'épaisseur du feuillage neuf. Et les chardonnerets, l'aile preste, allaient et venaient au travers en pépiant à plein gosier.

Depuis longtemps on entendait les merles siffler par les jardins sauvages. Et le soir, bien plus loin, dans le vert moutonnement d'un boqueteau qu'on découvrait du haut du mur, les rossignols chantaient à la lune.

Rroû, depuis le même temps, avait commencé à souffrir. Une inquiétude le tourmentait, assez subtile et forte pour lui gâter la douceur du printemps, la lui rendre, eût-on dit, d'autant plus lourde au cœur qu'elle illuminait davantage le ciel et les choses sous le ciel.

En vain cherchait-il désormais, par toute l'étendue du domaine, la place où il eût retrouvé son paisible bonheur de l'hiver. Même dans le marronnier rose une fièvre maligne flottait parmi l'odeur des fleurs. Et la lumière aussi, et les cris des oiseaux, et tout ce qui frappait les sens, prenait maintenant comme une trouble mollesse dont il restait énervé et déçu.

Et pareillement les routes, celles qu'il suivait, celles qu'il aurait pu suivre, bien loin d'apaiser l'inquiétude aggravaient au contraire cette faim dolente, cette brûlure intérieure qui ne relâchaient plus leur étreinte. Le long des vieux murs dorés, dans l'ombre qui bordait les massifs, sur les tuiles du chemin haut, Rroû promenait lentement sa détresse.

C'était maintenant un chat aux formes longues, d'un noir lustré par tout le corps, sans nuances, mais où jouaient au gré des mouvements d'ardents et sensibles reflets. Il allait, nonchalant et triste, les lignes parcourues d'une ondulation balancée et glissante, aussi belle dans son rythme que la respiration du flot. De loin en loin, il miaulait tout bas ; non pour confier son tourment à personne, pour implorer de Clémence ou du maître un soulagement qu'ils ne pouvaient donner, mais parce que son étrange peine se plaignait ainsi malgré lui, coulait ainsi de lui pour se mêler à la douceur bleue de l'espace.

Partout, dans les jardins sauvages, des hommes grattaient la terre et faisaient tinter leurs outils. Leurs voix montaient plus hautes et vibraient d'une joie offensante. Des chiens jouaient, hurluberlus, et se poursuivaient par les sentes. Une troupe de garnements chantait du côté de la rue et cadençait le pas au roulement d'un tambour enragé. Il semblait qu'une brusque folie se fût emparée des vivants, fît chanceler le vol des oiseaux et tituber les arbres sur leurs racines. La terre elle-même bougeait, exhalait une odeur épaisse, une fermentation d'ivresse. Rroû sentait dans sa chair le même lourd bouillonnement : son désir et sa peine en prenaient plus de force, croissaient ensemble et l'accablaient.

Il revenait vers la maison. Mais dans la maison même il retrouvait la turbulence et la folie. Clémence courait dans les escaliers. Gertrude, agenouillée sur une mallette d'osier, pesait des bras sur le couvercle avec une fougue malséante. Le maître clouait des caisses en chantonnant à bouche close, des pointes pincées entre ses lèvres. Rroû ne les reconnaissait plus, leur en voulait de ces visages nouveaux, de ces gestes inhabituels dont ils lui infligeaient le spectacle.

Une fois encore il s'en allait. Mais à peine était-il dans la cour que le maître sortait derrière lui, son agaçant fredon à la bouche. Il ouvrait le garage, et l'auto grise se mettait à ronfler. L'auto elle-même bourdonnait plus gaiement, reculait à vifs tours de roues ; et le gravier jaillissait sous ses pneus, cinglait Rroû de ses gerbes blessantes.

Le maître sautait à terre en claquant la portière. Il criait à Rroû au passage :

« On s'en va, on s'en va, mon vieux ! »

Clémence, Gertrude portaient des colis dans la cour. Affairées, trottinantes, elles ne s'arrêtaient plus pour caresser leur chat au passage. Elles lui lançaient des mots à la volée :

« Dérange-toi, Rroû, tu nous gênes ! »

Et elles chargeaient les caisses, les valises, les paniers. Et de nouveau leurs paroles éclataient, non point douces et voilées comme naguère, mais vibrant sans nulle retenue et chassant les oiseaux de la cour. Cette agitation, ce bruit étaient comme une trahison. L'exubérance des hommes, leur soudaine frénésie ne pouvaient être naturelles. Il y avait dans l'air trop bleu on ne savait quels remous sournois, l'approche d'une menace inconnue.

Ah ! enfin, Clémence s'arrêtait, elle daignait s'occuper de Rroû. Un sourire, une caresse... Vraiment, ce n'était pas trop tôt. Il consentait de mauvaise grâce, rancuneux et grognant tout bas. Mais Clémence se courbait devant lui, murmurait humblement ses incantations les plus douces, redevenait la vieille femme qu'il aimait.

« Viens, mon petit. Là donc, là, ma mimine... »

Et sa main caressait, calmait. Et Rroû cessait peu à peu de grogner.

Menteuse, haïssable Clémence ! Quelle vilenie !

Quel ignoble attentat ! Jamais, jamais Rroû ne lui pardonnera... C'était elle, elle qui l'avait saisi, fait basculer soudain au fond d'un panier noir, emprisonné dans cette caque indigne qui puait le lapin de choux. Comme la défiance avait pressenti juste ! Comme on aurait dû l'écouter !

Maintenant il était trop tard et la menace était tombée, plus terrible cent fois que les pires prévisions. Plus écœurante surtout ; à décourager toute colère, et toute révolte. Cracher au visage de Clémence, lui griffer les bras jusqu'au sang, à quoi bon ? Il est trop tard, et c'en est fait de Rroû.

Le panier se balance, suspendu ; ce balancement donne la nausée. Quelqu'un le porte, le dépose avec une douceur évidente. Mais ces précautions mêmes nourrissent la morne indignation du captif. Boulé dans le fond du papier, il demeure immobile, les yeux béants sur les mouches de lumière qui fusent par les fentes de l'osier. Il ne voit rien, il se veut sourd aux voix humaines qui continuent de parler au-dehors.

« Il ne bouge pas ? demande le maître.

— Pas du tout, le pauvre bonhomme... »

Oui, c'est de lui qu'on parle. Mais il refuse d'entendre les voix, les battements des portes qu'on ferme, le grignotis des clefs dans les serrures. L'auto ronfle, et sa trépidation fait trembler la prison légère. Il ne s'en soucie plus, il ne se soucie plus de rien. Replié sur son amertume, reniant le maître et Clémence à la fois, il leur opposera à tous deux, quoi qu'ils veulent machiner désormais, le hautain mépris qu'ils méritent.

Pourtant il se soulève un peu au moment où l'auto démarre. Malgré soi il épie, colle son nez au bâillement du couvercle. Il se passe trop de choses pour qu'il puisse s'en tenir à son parti pris d'éloignement. Le klaxon jette de courts abois, hurle de déchirants appels. Des virages plaquent Rroû contre la paroi du panier, le versent contre l'autre paroi. Et bientôt un glissement régulier, perceptible seulement à des vibrations très légères, un peu chantantes, emporte Rroû au bout du monde.

Un air frais et vivant circule, qui pénètre dans la prison et la traverse de part en part. Il se hausse davantage et de son crâne pousse le couvercle. Tiens ! le couvercle s'ouvre : Clémence a défait les courroies. Rroû, un peu ébloui, découvre de tout près son visage incliné. Une seconde il hésite, prêt à réintégrer volontairement sa geôle, à refuser la liberté qui lui vient d'une main sans honneur. Mais l'éclatante lumière qui brille dans la voiture, et la suffocation délicieuse de l'air, et le fleuve de feuillages qui coule aux vitres des portières, tout cela le retient et l'attire au-dehors. Il lève ses deux pattes de devant, et d'une détente légère il saute par-dessus bord.

Maintenant il explore, il s'affaire. C'est extrêmement curieux : quand on descend sur le plancher, il semble que l'auto ne bouge plus, qu'elle roule sur place, comme suspendue en l'air. Mais dès qu'on grimpe sur un dossier, et que l'on regarde à la glace, la vitesse vous emporte avec un grondement de torrent. On s'habitue bientôt, on se plaît au vertige dont elle vous étourdit : son élan est si souple que toute crainte est impossible. Et les arbres bruissants défilent, les champs illimités où saignent les trèfles pourpres, où les colzas resplendissent au soleil.

Le maître, seul à l'avant, gouverne et dirige la voiture. Il ne dit rien, il n'est pas gênant. Mais Clémence et Gertrude, assises sur la banquette arrière, s'ingénient à être insupportables. Qu'elles bavardent entre elles, aujourd'hui comme d'habitude, c'est leur affaire. Mais que, toutes chaudes encore de leur traîtrise, elles prétendent expliquer à Rroû la raison de leur vilaine conduite, voilà qui est intolérable.

Qu'est-ce que cela peut faire à Rroû que Gertrude vienne seulement pour aider, qu'elle doive repartir le soir même ? Ah ! vraiment, c'est pour son bien qu'il a fallu le mettre en cage ? Et vraiment c'était impossible d'en user envers lui d'autre sorte ? Il est bien temps, Clémence, de prendre cette voix mielleuse, cette voix fausse qui présage sans doute quelque perfidie nouvelle. Est-ce que Clémence prend Rroû pour un homme ?

Vers les vieilles filles, il n'a pas un regard ; à peine, parfois, un clin d'oreille furtif. Il se contente d'éviter leurs mains, de s'écarter comme par mégarde, sans même les honorer d'un grognement ou d'un coup de griffes. Le voyage cependant se poursuit, à la même allure dévorante. Le bout du monde doit être proche, à moins qu'on ne l'ait dépassé. L'automobile s'arrêtera-t-elle jamais ?

Elle tourne encore une fois, et les colis basculent. De nouveau un virage, un crissement de gravier sous les roues... Et réellement l'automobile s'arrête.

« On y est déjà ? fait Gertrude.

— Onze minutes tapant, dit le maître. La bagnole a rudement bien marché. »

Il essuie ses lunettes, se prépare à descendre.

« Attention au chat ! » s'écrie-t-il.

Mais l'avertissement vient trop tard. Rroû a pu voir Clémence qui entrouvrait le panier noir. Il a visé le cadre d'une portière dont la glace était baissée, et sauté d'un bond au-dehors.

II

LA CHARMERAIE

« Rroû ! Rroû, mon petit Rroû, mon joli, où es-tu ? »

En vain Clémence l'appelle à tous échos. Rroû demeure invisible et sourd. Et la pauvre fille se tourmente, exhale en phrases découragées son remords et son inquiétude :

« J'aurais dû le laisser enfermé, ne le lâcher que dans ma chambre... Ah ! mon Dieu, pourquoi ai-je ouvert ce panier ? »

Elle continue, en déballant les malles sur les carreaux du vestibule. Toutes les minutes, une nappe ou des chemises sur les bras, elle court au seuil et lance son lamentable appel :

« Rroû ! Rroû ! Que fais-tu ? Où es-tu ? On ne te prendra pas, on ne t'enfermera plus, plus jamais. Mais montre-toi, mais réponds-nous... Réponds-nous au moins, mon joli. »

Rroû ne se montre ni ne répond. Cette arrivée qu'on escomptait si gaie, elle est lugubre. Le maître fait tout ce qu'il peut pour rendre confiance à Clémence. Il dit, avec une assurance trop désinvolte pour ne pas être feinte :

« Il n'est pas loin, j'en suis tout à fait sûr. Ne l'appelez plus, croyez-moi. Vous allez le voir reparaître au moment où vous y penserez le moins. »

Mais Clémence ne cesse d'y penser. Si elle se tait enfin, c'est qu'une pudeur l'y contraint. Rangeant le linge dans les armoires, secondée par Gertrude qui soupire, elle songe que Rroû n'a pu manquer de s'égarer dans le vignoble ou dans les bois, qu'un chien va lui casser les reins, que le garde-chasse de Saint-Viâtre va lui tirer un coup de fusil, qu'il est perdu, que c'est mourir bien jeune...

« Hé ! bonjour, mon père Irénée. »

Irénée est venu depuis sa maison basse. Il apporte des nouvelles du jardin : les laitues de printemps profitent, les rosiers sont en pleine fleur, on pourra dans huit jours cueillir les premières fraises.

Mille petites rides plissent son visage jusqu'à la peau de son crâne tondu. Ses yeux bleus rient, pâlis par le hâle. A force de manier la marre ou le râteau, tout courbé vers la terre du jardin, il est resté plié en deux ; et sitôt que ses mains lâchent le manche de l'outil, et que ce point d'appui lui manque, il les noue loin derrière ses reins, en contrepoids, pour ne pas basculer en avant.

« Beau temps quand même », dit Irénée.

Tout guilleret de « trouver société », il s'enquiert civilement des santés, de la façon dont on a passé l'hiver, un rude hiver, sûr et certain. « Allons, c'est bien, les portements sont bons, c'est l'essentiel : quand la fressure est fraîche, toute la bête se tient d'aplomb. » Et soudain Irénée ajoute, en montrant les toits de tuiles :

« Qu'est-ce que c'est que ce chat noir, là-haut ? C'est-il vous qui l'auriez apporté ?

— Quel chat ? sursaute Clémence. Là-haut, vous dites ? Où ça, là-haut ?

— Ah ! c'est à vous », dit Irénée.

Il a tiré Clémence de quatre ou cinq pas en arrière, sur la terrasse, et levé son bras sec vers l'auvent qui abrite la porte du hall. Rroû était là, couché sur les tuiles, ses pattes de devant allongées soutenant sa tête immobile. Les yeux entrefermés, il a abaissé vers Clémence un bref regard indifférent, et repris son affût extasié.

Il était comme prostré sous le faix de sa joie,

une joie trop capiteuse et trop lourde. Dès qu'il avait sauté sur le gravier de la terrasse, la Charmeraie l'avait saisi. Par la danse onduleuse de l'espace, l'immense étincellement du fleuve, la splendeur proche des roses épanouies, le gazouillis pressé des oiseaux, elle avait refermé sur lui comme une prison nouvelle, mais celle-ci voluptueuse et vaste, plus belle que le désir même.

Non, ce n'était pas une prison, puisque les mailles soyeuses que l'air tissait autour de Rroû cédaient de toutes parts aussitôt qu'il faisait un mouvement. C'était seulement comme un toucher, une caresse continue dont la douceur charnue oppressait. Tout de suite il avait fait le tour de la maison, reconnu vers le nord la courette cimentée du service, et la longue pente du toit en « basserelle » qui s'inclinait jusqu'à toucher la terre. Il avait sauté sur ce toit et grimpé le long des tuiles.

C'était une aire immense, grenue aux pattes et couverte de mousses, de lichens orangés, de touffes d'orpin. On cheminait sur elle plus aisément que sur la terre, et pourtant elle vous conduisait jusqu'au ciel, sur les enfaîteaux de la crête. Là-haut, Rroû s'était arrêté, toute la chair tremblante et ravie.

Le ciel, où il était plongé, le baignait d'une lumière jamais vue, immatérielle et cependant palpable, d'un bleu frais et doré qui vibrait de toutes parts, sur les yeux mêmes de Rroû, et aussi tout là-bas, à l'extrême horizon. Derrière, c'était un bois taillis qui sentait la feuille chaude et la bête. En avant, par-delà le murtin de la terrasse, un talus couvert d'herbe grasse, chevelu de marsaules et d'acacias fleuris, s'abaissait à pic vers la Loire. L'eau vibrait comme la lumière, d'un bleu plus frais encore que la coupole du firmament.

Et partout des fleurs s'épanouissaient, des roses pourpres et blanches en massifs, en plates-bandes, des roses roses, des roses feu berçant leur ombre sur les murs, mêlées à la vigne vierge où les abeilles bourdonnaient. Des géraniums, des capucines flambaient sur le murtin de la terrasse. Des pivoines, sur les pelouses, inclinaient leurs corolles trop lourdes ; des bordures d'iris nains coulaient en ruisselets mauves ; des pieds-d'alouette, sous une brise en traînante écharpe, tremblaient le long de leurs hampes fines.

L'air chantait, animé dans sa profondeur d'une lente vibration musicale, qui provenait peut-être des millions d'ailes emportées dans le vent, cachées dans l'herbe des guérets, mais qui n'était peut-être que la chanson de l'air lui-même sous la caresse retrouvée du printemps. De grandes tipules, des mouches de mai floconnaient dans le soleil. Des morios aux ailes velouteuses, des adonis ponctués de bleu céleste voltigeaient sur les tuiles du toit. Un rhodocère couleur de soufre, posé sur une mousse bronzée, soulevait et abaissait ses ailes avec une palpitation respirante, d'une lenteur voluptueuse qui tenait les regards captifs.

Rroû était descendu, très doucement, sur le toit incliné au midi. Il avait vu l'auvent presque caché sous la vigne vierge et les rosiers. Et c'est là qu'il s'était tapi, le menton sur les pattes, le corps inerte, enseveli dans une joie sans limites.

Au-dessous de l'auvent, les hommes continuaient leurs futiles allées et venues, parfois levant les yeux vers lui pour s'assurer qu'il était toujours là, ou bien l'interpellant avec vulgarité. Il était plus loin d'eux que s'ils eussent été à mille lieues. Leurs paroles, s'il eût pu les comprendre, il les aurait jugées absurdes, plus dépourvues de sens que les moindres bruits de l'espace : le tapotement contre la tuile d'une feuille rouge d'ampelopsis, le ronflement soudain, puis le silence du frelon bleu qui plongeait au cœur de la rose.

Plus sage que les hommes, abîmé dans la minute présente, pareil au frelon ivre, à la cétoine pâmée, il avait d'un seul coup perdu le souvenir de sa peine et de ses rancœurs. Le voyage, le panier noir, la duplicité de Clémence, tout cela était oublié ; et de même la languide blessure dont l'avait meurtri le printemps dans le domaine clos de murs, le douloureux désir, appuyé sur son échine, qui l'obligeait à rôder sans trêve au long d'une quête sans issue tandis que les merles sifflaient.

Maintenant qu'il était arrivé, il ne pensait même pas qu'il avait magiquement trouvé ce qu'appelait là-bas son désir. Une harmonie recomposait le monde, où il avait partout sa place, où le torrent des choses s'entrouvrait doucement devant lui pour aussitôt refermer son courant, le bercer, dans sa clarté bleue, des toits de tuiles aux feuillages du bois, des tilleuls aux pelouses et des pelouses au vieux sureau.

III

LE VIEUX SUREAU

IL pousse au bord de la terrasse, contre la margelle du puits. Ce n'est pas un de ces arbres comme on en peut voir partout, comme le marronnier rose par exemple, sortant de terre en un seul fût, se ramifiant sagement sous le bouquet rond du feuillage. Ce sont dix arbres qui émergent ensemble, immédiatement tordus et divergeant ; dix arbres dont l'écorce élastique appelle les griffures profondes, les coups de couteau qui labourent.

La cime du vieux sureau s'évase si largement que tous les chats du monde y pourraient se cacher. Son ombre couvre toute la terrasse, bien plus ample que celle des tilleuls voisins. Rroû, lorsqu'il pénètre dans cette immensité, songe parfois au marronnier rose, à son parasol étriqué. Juste le temps de mieux sentir la volupté de son premier élan : tout de suite il est pris, et s'abandonne à la coulée du temps.

Derrière lui la longue façade de la maison s'étire, fleurie, dorée, imbibée de soleil. Clémence est de l'autre côté, vers le nord, dans sa cuisine ou dans la courette. Sa chambre aussi est dans ces régions froides, sous la basserelle. La lucarne vitrée qui l'éclaire soulève le toit et donne sur les tuiles mêmes. Par là encore, au seuil de la chambre, il y a certaine niche de bois dont la peinture imite des rangs de briques. On n'imagine rien qui puisse être plus ridicule : et c'est là-dedans que Clémence a prétendu faire coucher Rroû ! Elle y a étalé le molleton rouge, le même dont elle capitonnait le fond du bac à parapluies...

Au diable toutes ces billevesées ! Rien ici n'arrête les pas, les sauts : ni les murs, ni les portes, ni l'épaisseur de la maison. Celle-ci est vieille, rugueuse de cuir comme le sureau. On la traverse, on l'escalade, par le lacis de lianes qui l'enserre, par les auvents, les avant-toits, par la lucarne de Clémence ou les larges appuis des croisées. Elle est de chair poreuse et de caractère complaisant. Sous les voliges, sur les solins de crête, à l'aisselle des cheminées, les passereaux font leurs nids et trottinent comme des mulots. Dans le grenier, des chevêches boudent à la lumière et leurs serres dures, parfois, cliquettent sur le plancher. La maison s'abandonne aux petites vies qui passent, à l'essaim d'abeilles en voyage, à la demoiselle bleue dont les ailes fatiguées grésillent encore sur la pierre chaude. Elle est, dans l'océan du monde, une île de bon repos où le vent même s'attarde et s'assoupit, où le soleil ronronne comme un chat. Elle accueille l'araignée, la chenille, le nid de guêpes aux alvéoles pressés, le ramier chatoyant qui se lustre la gorge et qui roucoule à la pointe du pignon.

Couché au cœur du vieux sureau, Rroû voit, entend, respire tout cela. Il ne perd rien de ce grand frémissement de vie, de cette richesse glissante que la maison ne retient au passage que pour en jouir aussi et pour s'y fondre mieux. Autour d'elle le jardin s'éploie, ce que les hommes appellent le jardin. Leurs mots sont misérables : là-bas, dans la petite ville, ils disaient aussi « le jardin » pour désigner cette fosse entourée de raides murailles, où s'étiolaient deux pauvres arbres à côté d'un maigre massif. Ici, le jardin est immense. C'est une partie du monde où la vie est plus verte, plus radieuse et plus dense, mais dont la frange va se perdre doucement dans l'illimité du monde.

Une haie vive, de thuyas et de lauriers mêlés, cela n'enferme ni ne sépare. Le grillage rouillé qui s'y cache est de toutes parts troué d'accrocs. Et les portes sont à claire-voie : un chien passerait entre leurs barreaux. De chaque côté de la terrasse il y a des parterres de fleurs, des pelouses, çà et là quelques sycomores. La cour d'accès est à l'orient : c'est le seul point à surveiller un peu. Par là meuglent les automobiles ; par là viennent le boucher, le facteur, le boulanger. Chacun s'annonce à sa façon particulière, un tintement de grelot, un appel, une démarche boiteuse qui froisse bizarrement le gravier. Il a fallu deux ou trois jours pour reconnaître et fixer ces détails, de sorte à n'avoir plus à s'en inquiéter désormais.

Au nord de la maison le bois arrondit sa lisière, une foule d'arbres enchevêtrés où les blancs de Hollande laissent trembler leur feuillage d'argent parmi les acacias fleuris, où les ailantes éploient leurs longues feuilles en panache, où les troncs des sapins rougeoient à travers les fûts pâles des bouleaux. Plus loin encore c'est le verger, ses guigniers étoilés d'escarboucles, ses cognassiers aux belles corolles roses, ses pommiers dont les derniers pétales épandent sur l'herbe une neige ensoleillée ; enfin le potager aux plates-bandes régulières que le père Irénée surveille de sa chaumine, tandis que le coq et les poules grattent le fumier de la patte et du bec, et que les lapins culbutent dans leur petit enclos grillagé.

Voilà ce qu'est la Charmeraie, à s'en tenir aux seules apparences. Ce qu'elle est réellement, c'est dans les branches du vieux sureau qu'on est le mieux pour le sentir. Sa ramure n'est pas très touffue ; la lumière y coule librement, le vent léger y joue selon sa fantaisie. Par les trous du feuillage de longs rayons semblent jaillir, tous convergeant vers le chat immobile, un petit fauve couché aux rives du temps. Ils jaillissent vers la haie, vers les toits, vers le bruant qui chante sur un cep, et, quand ils les ont pris, reviennent vers Rroû et les lui donnent. Deux prunelles glauques dans l'ombre du sureau, deux minces pupilles dans leurs globes polis, tel est le cœur du monde aussi longtemps que Rroû demeure couché dans le sureau. Ces rayons sont des liens qui tiennent toutes choses captives, les pucerons noirs collés à la ramille, et la bête à bon Dieu qui se pose sur la patte de Rroû, gouttelette de sang dans le poil sombre.

Ailleurs, parfois, un chardonneret traversait une cour entre des murailles très hautes. Le frisson de son vol frémissait une seconde sous les feuilles du marronnier, et il s'envolait aussitôt, ayant vu le chat noir tapi à la fourche d'une branche. Ici, tous les oiseaux planent sur leurs ailes étendues, nagent dans le lac bleu du ciel, peuplent l'air et les arbres, les tuiles des toits et les grèves de la Loire. Le loriot éclatant vole sur le cerisier ; le rouge-queue, d'un gris si tendre, siffle doucement dans le sureau même et pique du bec les ombelles fleuries. S'il s'envole, ce n'est pas d'effroi devant le chat qu'il n'a pas vu ; c'est que son nid l'appelle où sa femelle est accouvée, les plumes gonflées sur les œufs près d'éclore.

Le flot du temps s'écoule à berges pleines, aussi lisse et limpide que la Loire entre les touffes d'osier. Le même silence vibrant comble toute l'étendue, où les graines blanches des peupliers frôlent de leur duvet le vol candide des piérides en dérive. Un pas résonne sur la terrasse, une voix de femme monte vers le sureau :

« Tu es là, Rroû ? »

Il n'est pas là. Il est où chante brusquement le pivert ; il dérive sur l'aile des piérides ; la branche du sureau flotte sous lui, tout le vieil arbre dont les amarres se sont dénouées, et qui l'entraîne sous un glissant soleil, dans la pâleur ambrée du soir, vers le pays où s'allument les étoiles.

IV

LE TALUS

Le bonheur baigne le chat qui sait se tenir immobile. Mais le chat qui va devant lui, les pattes souples et les narines ouvertes, le bonheur se tient sur sa route.

Ce qui d'abord a guidé Rroû vers le talus, c'est la chanson de la fauvette babillarde. De l'aube jusqu'à la nuit, elle ramage infatigablement sous le couvert des marsaules et des ronces. Il n'y a pas au monde une voix plus limpide et plus gaie. Ses trilles exultent en fusées vives, secouent des grelots de cristal, entrelacent leurs caprices dansants. En vérité c'est une voix qui danse, avec une légèreté si joyeuse, si allègre, qu'il semble voir l'oiseau danser de branche en branche au rythme endiablé de sa voix.

Mais Rroû a beau darder sous le feuillage vert tendre ses regards les plus aigus, il n'aperçoit qu'une ombre preste, une petite balle de plumes sans couleur — peut-être brunes, peut-être grises —, qui s'évanouit presque avant d'apparaître. Et toujours la chanson recommence, de plus en plus vive et sonore, et provocante aussi comme un rire de moquerie : « Rroû, Rroû, viens-tu, viens-tu ? Hi ! Hi ! Rroû... Tu-ne-pour-ras-pas-m'at-tra-per. »

C'est pour attraper la fauvette qu'il s'est coulé entre les lattes du portillon. Mais bientôt elle a eu beau chanter, il n'a même plus pensé à elle.

A peine touchait-il à la crête du talus que l'herbe a reflué sur lui. Elle était tiède et fraîche à la fois ; elle fléchissait mollement sous ses pattes, et le soutenait en même temps avec une vigueur fondante. Des tiges marbrées sortaient de l'herbe, aussi grosses que celles des marsaules ; et pourtant elles étaient des herbes, elles craquaient sous la griffe comme les cannes des roseaux creux. Des euphorbes, à peine les touchait-il, laissaient perler des gouttes de suc, d'un blanc plus blanc que celui du lait. Une grande consoude, aux feuilles en oreilles d'âne, balançait au-dessus de lui ses longues fleurs d'un rose violâtre où le pistil pointait comme un stylet. Mais ce qui l'enchantait d'abord, c'était la masse et l'épaisseur de l'herbe, ce luisant frais contre son ventre, ces longs flots chevelus qui se gonflaient sous lui et l'entraînaient sur leur versant.

L'ivraie lui rebroussait le poil ; le gratteron s'accrochait à ses flancs ; le houblon, en guirlandes, se nouait à son cou. Il se roulait, les pattes en l'air, les décochant par jeu contre ces lianes inoffensives, la luette chatouillée par un brin de chiendent, les yeux en larmes et toussant de plaisir.

Un coup de reins le remettait debout, le projetait au milieu d'un roncier, si dru qu'il y marchait comme sur un toit. Et soudain ce toit s'entrouvrait, il tombait sous la voûte de feuilles, dans une ombre glauque de crypte. Il découvrait alors une faune inconnue : des iules repliés en spirale qu'il déroulait du bout de l'ongle, des cloportes cuirassés d'argent, et parfois une petite rainette grise qui sautelait derrière une pierre moussue.

Un bond encore, un froissement de feuilles : et le lapereau effrayé détalait à toutes pattes sous son nez, lui montrant ses semelles usées et la touffette de sa queue blanche. Interdit par son déboulé, il se ressaisissait aussitôt, s'élançait derrière le fuyard. Mais dans un creux humide la valériane l'arrêtait, lui lançait aux narines une bouffée d'odeur grisante. Toute sa chair en était traversée. Presque debout, il flairait longuement les capitules de menues fleurs rosées. Un frisson voluptueux lui parcourait l'échine. Miaulant tout bas, il se renversait sur la plante, la froissait, l'écrasait de son dos, lentement se traînant sur elle du garrot jusqu'à la queue.

Il y avait, sur la pente du talus, plusieurs mondes superposés : celui des pierrailles vertes et des bêtes rampantes, des flaques croupies dans les trous de glaise, où grouillaient la sangsue, la salamandre et le triton crêtelé ; celui de l'herbe, où la brusque sauterelle détendait ses « coutons » épineux, où le grillon noir et pattu agitait ses cornes fines ; et d'autres mondes encore, depuis la ronce aux rameaux pourpres où sifflotait la passe buissonnière, où trottinait le troglodyte, jusqu'aux feuilles duvetées des marsaules où la fauvette babillarde continuait sans arrêt son ramage de lumière, balancée dans le ciel à la pointe de la plus haute branche.

On pouvait à son gré passer d'un monde à l'autre, dégringoler de l'arbuste à la ronce, et de la ronce au terreau noir. Et l'on pouvait aussi, en glissant sur les flots de l'herbe, dévaler jusqu'à l'eau du fleuve. Elle dormait à demi dans une crique de sable fin, arrondie en retrait du courant. Le soleil étincelait sur l'eau vive, aux facettes des petites vagues serrées. Mais tout au bord il traversait l'eau calme et dorait le sable du fond. Cette eau bougeait si peu, et elle était si transparente qu'il fallait presque la toucher pour savoir qu'elle était là. Quelques algues pourtant révélaient sa présence, qui déroulaient mollement leur flottante chevelure, et aussi les chevesnes suspendus qui chauffaient leurs nageoires au soleil.

Ils ne bougeaient pas plus que l'eau. Certains touchaient presque la rive. Peut-être, en s'avançant sur cette branche inclinée dont les feuilles effleuraient la rivière, pourrait-on d'un vif coup de patte cueillir le moins gros de la bande ? Rroû s'avançait, s'allongeait sur la branche. Elle s'inclinait un peu plus sous son poids. L'angoisse sourdait d'une foulée à l'autre, mais une angoisse à fleur de peau qui ajoutait encore au plaisir. Immobile au-dessus de l'eau, la patte bandée pour la détente, Rroû jouissait du danger illusoire, sûr de ses muscles, de ses griffes cramponnées à l'écorce.

Les chevesnes dérivaient sous ses yeux, tournaient en file indienne dans le même cercle ensoleillé. Quand ils passaient dans l'ombre de la branche leurs nageoires rouges s'éteignaient, pour aussitôt refleurir au soleil. Alors ils paraissaient si près qu'on distinguait toutes leurs écailles, et les opercules de leurs ouïes qui palpitaient en respirant. La patte de Rroû détendait son ressort ; mais elle ne griffait que le vide, sans même atteindre la surface de l'eau : les chevesnes continuaient leur flânerie circulaire, jusqu'à ce qu'une perche tigrée, tapie sous une table de roche, bondît au milieu d'eux et les éparpillât. Son élan la soulevait hors de l'eau, traversait l'air d'un courbe plongeon. Elle passait à la barbe de Rroû, la queue ronflante, et les griffes de sa nageoire dorsale éraflaient la patte du chat.

Sur le talus, un matin de juillet, Rroû avait rencontré l'aspic rouge. Cela s'était passé sans drame : l'aspic avait fouetté les feuilles sèches de sa queue, balancé sa tête en sifflant. Rroû l'avait regardé, ainsi dressé et dardant sa langue noire, et sans émoi s'était rejeté en arrière, d'un petit saut très exactement mesuré. Chacun était parti de son côté.

Et le même soir il avait vu l'orvet qu'il avait agacé de la patte, séduit par son éclat tout neuf et surpris qu'il ne tintât point comme un serpenteau de métal. Une bourrade un peu impatiente avait rompu l'orvet en deux ; et Rroû s'était vite détourné des deux tronçons jumeaux qui se tortillaient côte à côte, sans pouvoir se rejoindre et réparer le jouet brisé.

Il ne quittait plus le talus, retenu là, lors des après-midi torrides, par les suintis de sources qui maintenaient l'herbe luisante et fraîche. Chaque jour un peu plus il en aimait l'épaisseur broussailleuse, qui l'enveloppait au prime saut et le gardait de toute prise humaine. Il guettait le moment où Clémence servait le dîner du maître pour galoper, le long des murs, vers le bol de faïence à fleurs qui l'attendait dans la courette. Il lapait le plus vite qu'il pouvait, l'oreille tendue vers la salle à manger. Et si le pas de Clémence approchait avant qu'il eût vidé le bol, il s'étouffait, raflait en hâte un dernier morceau dans sa gueule et bondissait vers le talus, appelé dès la terrasse par les gouttes de feu des lampyres qui déjà s'allumaient dans l'herbe.

V

LES GUINETTES

Des orages dans le Pays-Haut avaient soudain gonflé la Loire. Ce n'était qu'une crue d'été, sans colère écumeuse ni grondants tourbillons, mais assez vive pour avoir en une nuit submergé les bancs de grève et les rouches des berges basses. Les courlis criaient dans les garennes. Et les chevaliers culs-blancs — les guinettes aux ailes en faucille —, zigzaguaient en volées inquiètes au-dessus des vignes du coteau.

Depuis l'aube, on les entendait piauler. Sur le clos de la Charmeraie, deux couples tournaient sans trêve du verger à la haie de thuyas, vers l'est. Tantôt inscrivant en plein ciel des arabesques aux pointes aiguës, tantôt rasant la cime des arbustes, les guinettes semblaient liées au même point invisible du sol, quelque part sous la haie dorée. Leur cri montait dans le silence de midi, toujours le même, un appel grêle et aigu où vibrait une détresse éternellement renaissante.

Par intervalles, elles plongeaient au taillis et disparaissaient sous la haie. Mais leur cri s'entendait toujours, traversait le jardin, la maison, agaçait les oreilles de sa plainte obsédante. Et bientôt reprenant leur vol elles recommençaient à tourner, de la haie au verger, du verger à la haie, retenues loin du fleuve par le même lien secret que les yeux d'hommes ne pouvaient voir.

« Qu'est-ce qu'elles ont ? Mais qu'est-ce qu'elles ont ? » disait Clémence au vieil Irénée.

Irénée, appuyé sur sa marre, haussait à demi les épaules. Ce n'était pas la première fois, depuis qu'il piochait ce coteau, qu'une crue d'été avait noyé les grèves et chassé en haut les guinettes. Il inclina la tête, un petit rire au coin des yeux :

« Regardez votre chat, Clémence. Il vous dira bien ce qu'elles ont. »

Rroû était dans l'allée de bordure, aplati à fleur de sol. Son ventre semblait toucher le sable, mais on voyait aux muscles de ses pattes qu'elles seules portaient à terre et soutenaient son corps tendu. On aurait cru qu'il ne faisait pas un mouvement. Pourtant, à le bien regarder sans détacher de lui les yeux, on pouvait voir qu'il avançait, que toutes ses fibres étaient mouvement. Ligne par ligne, l'une après l'autre, ses pattes s'allongeaient sous lui. Un roulis très souple et très lent parcourait son échine d'une ondulation continue. Et sa queue, derrière lui, balayait légèrement le sable à menues secousses frétillantes. Seule sa tête ne bougeait pas, rigide au bout du col tendu, les oreilles abattues, les yeux fixes.

Et ses yeux regardaient, droit devant lui, une guinette posée dans l'allée. L'oiseau piaulait comme il avait fait tout le jour, mais avec plus de force et sur un rythme plus rapide. Irénée et Clémence distinguaient ses pattes fines, son long bec, sa gorge grise et blanche. Elle s'approchait du chat, courait vers lui par brusques saccades, s'arrêtait une seconde, et de nouveau fonçait sur Rroû avec une témérité folle. Les ailes à demi soulevées, prête à l'essor, elle se lançait ainsi presque à portée du petit fauve frémissant. Et quand l'échine de Rroû se bandait davantage, lorsque son bond d'attaque affleurait déjà son poil noir, la guinette reculait tout à coup, les pattes prestes, mais sans prendre son vol. Et Rroû allait, suivait l'allée, s'éloignait peu à peu du coin mystérieux de la haie au-dessus duquel l'autre oiseau, avec des piaulement retenus, continuait de tracer dans l'espace des circuits précipités.

« Il les prendra, dit tout bas Irénée.

— Non, dit Clémence, il ne les prendra pas. Et d'ailleurs il n'y en a qu'une.

— Croyez-vous ? » reprit Irénée.

La même malice souriait dans ses yeux. Il entra franchement dans l'allée, tandis que l'oiseau et le chat s'éloignaient du côté du verger. Aussitôt l'autre oiseau, celui qui tournait sur la haie, se mit à piauler plus fort et resserra vers eux les cercles de son vol. Ses ailes aiguës battaient tout près des hommes, si près parfois qu'ils en sentaient le souffle sur leur front. Et ses cris les frappaient au visage, pleins d'une colère désespérée.

« Ce ne sont pas le père et la mère, dit Irénée, ce sont celles-ci que le chat prendra. »

Il écarta les basses branches d'un thuya, et fit voir à Clémence, au creux d'une motte poussiéreuse, la couvée d'oisillons blottis. Il n'y avait plus de malice dans ses yeux, une pitié tendre éclairait son visage.

« Oui, voilà ce que c'est, dit-il. Personne ne pèse lourd dans la grande main de Dieu. Un jour c'est la grêle qui ravage, la maladie qui perd le vignoble, un autre jour la guerre qui tue les jeunes. Pour ces petits, c'est la Loire qui monte et qui noie le nid dans le sable. Alors les parents les ont pris, l'un après l'autre, et les ont montés sous la haie. Voyez, Clémence, comme il y a peu d'ombre et comme la terre est sèche autour. Ils peinent de soif, les malheureux, leur *guéniau* est plus sec que la terre. Pauvres ! Ils ne se feront pas vivre...

— Mais si ! Mais si ! murmurait Clémence. Leurs grandes plumes poussent, les voilà presque débourrés... Il suffira d'une petite pluie, quelques gouttes d'eau dans la feuille des cardères... »

Irénée leva son bras brun, montrant le ciel dévoré de lumière. L'ardeur caniculaire tombait à plomb sur le jardin, les feuilles des arbres pendaient sur leurs pétioles. Et dans le creux blessant de la motte, croûteux et dur comme le caillou, les oisillons, le bec ouvert, pantelaient de soif et d'épuisement. Leur cou battait d'une palpitation rapide, leurs paupières clignaient constamment sur les perles noires de leurs yeux ; et de leur gorge en fièvre sortait sans trêve une plainte triste et résignée, un sifflement léger, monotone, si doux qu'il étreignait le cœur.

« Ah ! dit Clémence, qu'est-ce que nous pourrions faire ? »

Et Irénée, soulevant les deux mains :

« Nous ne pouvons rien faire... Seulement les laisser là et ne pas tourmenter les adultes. S'il y a quelque chose à faire, ils le savent mieux que nous, Clémence. »

Il se baissa soudain, fit le geste de ramasser une pierre :

« Au chat, vilain ! Veux-tu te sauver ! »

Rroû venait de réapparaître à l'orée de l'allée bordière, filant vite, d'un trot bas et sournois. Il aperçut Clémence et Irénée, se rasa davantage et coula sous la haie.

« Il a compris, chuchota le vieux. La mère ne l'attirera plus... Avant ce soir, il tuera les petits.

— Vous êtes bien hardi ! fit Clémence. Si je vous dis, moi, qu'il ne les tuera pas ! »

Irénée avait repris sa marre. Ses yeux bleus, de nouveau, brillaient d'une lueur moqueuse :

« Ce n'est pas un chat comme les autres. S'il est amoureux des oiseaux, c'est d'amitié, pas comme les autres chats. N'est-ce pas, monsieur ? Demandez à Clémence. »

Le maître, un bouquin à la main, sortait d'un layon tout proche. Il avait entendu parler et s'était approché des voix.

« C'est Irénée... commença Clémence.

— C'est Clémence... » commença Irénée.

Le maître dut écouter longtemps. Il observait un silence circonspect. Au-dessus des trois hommes, le couple de guinettes s'était remis à tourner en criant.

Et la plainte triste des petits, sous la haie, faisait écho à leur ardent appel.

Le maître se pencha, tendit le bras. Aussitôt les oiselets se dressèrent, soulevèrent un peu leurs ailes aux grêles rémiges et se prirent à courir gauchement. Leurs pattes vacillaient, ils butaient sur les mottes, et retombaient en gémissant tout bas.

Irénée et Clémence avaient fini par s'éloigner. Longtemps le maître demeura penché sous la haie, trottant trois pas, revenant, se baissant, le front congestionné, le regard trouble sous ses lunettes brouillées de sueur.

Un peu plus tard, Clémence, qui se reposait dans sa chambre, l'entendit fermer des portes et sortir la voiture du garage : il partait voir quelques malades. C'était ainsi presque chaque jour ; même à la Charmeraie, sa clientèle le réclamait. L'auto s'éloigna vers la route, et Clémence s'assoupit à demi.

Elle somnolait, sans tout à fait perdre conscience. Dans la torpeur de la brûlante journée, elle continuait d'entendre les piaulements aigus des guinettes. Leurs cris stridaient sur la maison, perçaient les tuiles, résonnaient dans sa chambre même. Elle les entendait en rêvant : ce n'était pas possible que les guinettes criassent à l'intérieur du logis clos, à la tête de son lit, semblait-il, juste derrière la mince cloison. Elle ouvrit tout à fait les yeux, elle écouta.

Mais non, elle n'avait pas rêvé : les guinettes piaulaient sous le toit, quelque part entre les murs. Et leurs cris peu à peu faiblissaient, s'éteignaient en sifflements las, en douces plaintes agonisantes. Clémence sauta au bas du lit et courut vers la salle de bain.

Le maître, avant de s'en aller, avait clos les persiennes et laissé la fenêtre entrouverte. Un courant d'air léger glissait dans le réduit. Tout de suite, Clément aperçut, posé sur la mosaïque, un petit seau de fer battu. Elle joignit les mains, murmura :

« Mon Dieu, le pauvre homme ! »

Les oisillons étaient dans ce seau, quatre petites choses molles affalées côte à côte, et dont les yeux noirs chaviraient.

« Le pauvre homme ! » répéta Clémence.

Il avait posé les bestioles, au fond du seau, sur une serpillière mouillée. Il avait arrosé par terre. Il avait fait du mieux qu'il avait pu, et il était parti, et les petites guinettes étaient mortes.

Clémence les prit, tièdes encore, dans sa paume. Elle regardait leurs frêles cadavres, et elle songeait : « Pour rien, pour rien... Un médecin qui guérit le monde... Peut-être, s'il les avait laissées, que mon chat les aurait mangées. Peut-être aussi, on ne sait pas, que la mère aurait réussi à le détourner jusqu'au soir ; et puis elle les aurait cachées, et la fraîcheur de nuit aurait guéri leur fièvre... Maintenant, les voilà bien mortes. Il ne faut pas, nous autres, toucher avec nos mains aux choses de la création. »

VI

LA MUSARAIGNE

UNE musaraigne, cela ne peut pas se manger : c'est coriace et de saveur fétide. Mais il n'y a pas de gibier qui se prête mieux aux raffinements du jeu. Cela révèle une résistance aux coups de griffes bien plus grande que celle des souris, un courage obstiné, un acharnement à survivre qui prolonge et pimente le plaisir. Et d'ailleurs, cela crie avec une vigueur merveilleuse.

Ce soir, comme il traversait la cour, Rroû a vu une musaraigne qui sortait du creux d'un tilleul. Caché derrière la motte du four, il l'a laissée s'aventurer jusqu'au beau milieu de l'aire, ne bougeant pas d'une ligne, repérant ses distances à mesure que la musaraigne avançait. Il avait plu un peu deux ou trois heures auparavant, un de ces grains d'été qui passent sur le bleu du ciel comme le chiffon de Clémence sur les vitres. Et quand il est passé tout brille, le cailloutis sur la terrasse, les feuilles des arbres et l'herbe des pelouses.

Au milieu de la cour, des grumeaux d'argile noire soulevaient le sable de place en place. La musaraigne allait de l'un à l'autre, d'un petit galop court de pattes, si affairée à sa besogne qu'elle oubliait d'épier autour d'elle. Elle s'est brusquement arrêtée, flairant l'un des motillons, et d'un saut carnassier elle a saisi quelque chose dans sa gueule.

C'était la tête d'un gros lombric mauve. Bien piétée sur le gravier, tout le corps rejeté en arrière, la musaraigne l'extrayait de sa gangue, un anneau après un anneau. Le lombric s'étirait, n'en finissait point de sortir. Enfin sa queue suivit son corps, et dans l'instant il se roula, se déroula, tortilla frénétiquement sa nudité baveuse sur le sable.

La musaraigne n'eut pas le loisir de le tuer, à peine celui de le lâcher. De la motte du four un éclair sombre avait jailli : des deux pattes, de tout l'avant-train, Rroû venait de tomber sur elle.

Et aussitôt deux cris jaillirent, un roucoulement voluptueux et bas, un chant de chasse triomphant, et, bien plus fort, une étrange stridence métallique, éperdue de rage et d'effroi.

Rroû, sans bouger les pattes, sortit un peu ses griffes et pesa. La musaraigne se tordit sous l'étreinte, essayant de faire front et de mordre. Son nez aigu, allongé comme une trompe, se relevait sur de petites incisives blanches. Elle criait maintenant par saccades, renversée sous le poids du fauve, mais dressant sa tête libre en une attitude de menace. Et les cris qu'elle jetait exprimaient à présent plus de colère que de souffrance.

Rroû, lentement, contracta ses griffes. Il les sentit traverser le poil fauve, percer la peau de leurs pointes tranchantes. Alors il s'arrêta, refrénant son désir de les enfoncer davantage, souleva doucement ses pattes et libéra la musaraigne.

Elle resta une seconde sur place, la tête toujours levée vers le mufle du chat. Elle avait cessé de crier, mais à chaque tressaillement de Rroû elle relevait sa trompe et découvrait ses dents. Rroû s'était étendu sur le sable avec une indolence superbe. Le corps à l'abandon, les flancs plats, les pattes allongées, il regardait ailleurs en humant la fraîcheur du soir.

Lentement d'abord, sans cesser de faire front, la musaraigne se mit à reculer. Des stries rouges presque imperceptibles zébraient son petit corps boulu.

Elle reculait de plus en plus vite, gagnant vers une touffe de séneçon qui avait poussé, solitaire, au milieu de la cour déserte. Elle l'atteignait, blottie déjà entre deux cailloux, quand deux pattes griffues l'écrasèrent, toute criante aussitôt et les dents découvertes.

Le roucoulement du fauve chantait bas sur sa tête, son haleine chaude l'enveloppait toute. Elle fut de nouveau une petite vie furieuse, révoltée sous l'attaque et cabrée devant la mort. Et le même drame recommença, l'allongement indolent du bourreau, ses yeux absents, sa queue souple promenée sur le sable — et cependant la fuite de la bestiole meurtrie, vers la haie de thuyas, vers le murtin de la terrasse, une motte, une pierre, n'importe quel abri où disparaître aux yeux du chat, échapper à ses pattes, à son poids, à la lenteur cruelle de ses griffes.

Rroû, cette fois, jouait le jeu à la limite de la jouissance. La musaraigne devait mourir ; mais elle ne mourrait que très tard, non des blessures à fleur de chair qui seulement apportaient à Rroû la nécessaire volupté du sang, mais d'épuisement, mais d'affreuse impuissance, lorsque enfin son cœur courageux, à force d'avoir trop battu, avouerait sa défaite en renonçant à la volonté de vivre.

Le chat restait couché sur le sable, longtemps, le plus longtemps possible, les yeux ailleurs et la queue nonchalante. C'était un chat qui était là, un doux chat noir sans malice et sans armes, qui seulement détendait son corps dans la fraîcheur d'une belle soirée d'été. « Une musaraigne ? Qu'est-ce que c'est ? Je me repose, je respire. Ah ! vent du soir, comme je suis bien ! Si l'alouette huppée venait se poser sur mon flanc, je resterais ainsi, sans plus bouger que je ne bouge ; l'alouette pourrait gonfler ses plumes et dormir en paix contre moi. »

Seule la queue remue sur le sable, juste la pointe de la queue. « Où est maintenant la musaraigne ? Elle est à un saut des thuyas. Est-ce qu'il est temps, peut-être ?... Encore un peu. Elle doit se croire sauvée, son cœur bat déjà moins durement... Tu vois, le chat regarde ailleurs ; il se repose, il t'a oubliée. Voici la haie touffue, la voici réellement qui t'accueille... Arroû ! »

Quelles délices de bondir, de tomber les pattes en avant, d'entendre, une fois encore, ce cri perçant qui déchire le silence ! C'est bien ce petit corps raidi, ce cou tordu, ce long groin rebroussé sur des dents menaçantes. Elle crie, elle saigne, elle se tord... Rien qu'une crispation de griffes, un rappel de ma force et de ma volonté à moi : tu mourras, musaraigne — tout à l'heure.

Les ongles sont rentrés, le dessous de la patte est nu, doux et glabre comme un museau. Et la patte est légère, elle caresse, elle frôle à peine. Pourquoi la musaraigne crie-t-elle ? Toutes les griffes pourtant se tiennent sages. Rroû a deux pattes de devant pour se servir de l'une ou de l'autre, des deux ensemble si cela lui plaît. Entre ces pattes, de la droite à la gauche, la musaraigne roule en criant. Sur le dos, sur le ventre, sur le dos et le ventre à la fois. Encore une volte, une cabriole. On voit toujours ce nez grotesque, cette gueule éperdument ouverte. Et ce nez commence à saigner. Lui aussi. Une gouttelette rouge perle à sa pointe entre de menus graviers. Comment la sotte a-t-elle fait son compte ? Elle a de la terre plein le nez.

Rroû est couché, Rroû ne bouge plus. La musaraigne court vers la porte. On pouvait croire qu'elle n'avait plus de forces, qu'elle renonçait déjà et que c'était fini. Mais elle court prodigieusement vite, avec une énergie toute neuve. Sans doute va-t-elle filer sous la porte. Eh ! qu'elle file, les barreaux sont larges. A-t-elle filé ? Ah ! çà... Ah ! çà... On ne la voit, on ne l'entend plus nulle part, il semble bien qu'elle ait disparu.

Rroû se lève, jette son cri de chasse. Il trotte, il flaire le sable, par intervalles s'arrête et dresse la tête. Il touche la porte, en égratigne nerveusement les barreaux. C'est abusif, cela viole toutes les règles du jeu. Arroû ! La musaraigne a passé là. Elle a frôlé le gond, la charnière, son fumet frais monte aux narines. Ici, un peu de sang, arroû !... A-t-elle filé sous les avoines ? Elle doit mourir, il faut qu'elle meure, mais que d'abord le jeu recommence... Arroû, encore un peu de sang : ici, dans la gorge du poteau cornier ; exactement ici, entre le gros poteau et le montant de la barrière.

La patte tâtonne, explore l'interstice. C'est trop étroit pour qu'elle y plonge autrement que les doigts serrés. Impossible d'écarter les griffes, on doit se contenter de toucher, de sentir... La patte monte de plus en plus haut. Rroû est surpris : comment la musaraigne a-t-elle pu grimper si haut ? Mais son odorat l'avertit, il continue de hausser sa patte tout le long de la fente profonde. Et soudain il trouve le contact, la chaleur de la bête blottie.

Elle est là, tout au fond de la fente, cramponnée aux aspérités du bois, inaccessible aux griffes du chat. Elle a le stupéfiant courage de ne pas faire un mouvement, de retenir ses cris, de s'empêcher de fuir. Rroû peut gronder, s'acharner de la dent et de l'ongle, elle reste là, immobile, accrochée de ses pattes rosâtres que la grande fatigue fait trembler.

Alors Rroû abandonne le jeu. Il s'en va. Il s'en va très loin, vers la courette de Clémence. Il disparaît derrière l'angle de la maison. Et c'est fini, on ne le voit plus.

Longtemps après, Clémence l'aperçoit, assis dans la rigole et la tête un peu de côté, très peu, juste suffisamment pour dépasser l'angle du mur et découvrir le montant de la porte. Il s'est arrêté là, il n'en a plus bougé.

« Qu'est-ce que tu mijotes ? » dit Clémence.

Elle s'approche, Rroû demeure insensible. Elle l'effleure de la main, il grogne. Se taira-t-elle, à la fin des fins ? Depuis qu'il guette ainsi derrière l'angle du mur, la musaraigne n'a pas quitté son trou. Il en est sûr, il voit la petite tache jaunâtre que fait son corps dans la ligne d'ombre... Pourvu qu'elle sorte avant la nuit !

Elle est sortie ! Elle est captive encore ! Et le jeu recommence, plus délicieux après cette émouvante attente : les cris, les fines dents blanches, les étirements des griffes au bout des pattes qui appuient, les faux oublis, les bonds exacts, la roucoulante chanson de mort...

« Monsieur ! Monsieur ! appelle Clémence. Venez voir Rroû, il est impayable. »

La voix de l'homme répond, lointaine :

« Je me fiche de Rroû, je travaille. »

Clémence, seule dans la cour, suit pas à pas Rroû et la musaraigne. De temps en temps elle se jette en avant, se penche un peu en étendant les bras. Pour aider Rroû ? Pour l'arrêter ? Elle parle aussi, bien que seule, à voix haute. Elle dit : « C'est trop, c'est trop. Ah ! pour le coup, c'est vraiment trop... Ah ! la malheureuse créature ! »

Et quand le maître, enfin, se décide à quitter son bureau, quand il apparaît dans la cour et demande où est Rroû, ce que fait l'impayable Rroû, il trouve une Clémence balbutiante, qui lui parle d'une « musette » presque morte, d'une pauvre petite bête que Rroû a presque tuée, qu'il a fallu, pourtant, lui arracher des pattes, et porter loin, pour qu'elle finisse en paix.

VII

SOIRS

« SALUT, Kiki, vieux frère. Il fait bon ce soir, on est bien. »

Voilà plus de quinze jours que le chat du vieil Irénée vient chaque soir à la Charmeraie. C'est une excellente habitude, un plaisir qui s'ajoute aux autres, et qui maintenant est nécessaire à la joie complète de Rroû. Kiki est un brave camarade, un rustaud assez vulgaire, court de lignes, court de mufle, mais trapu et vigoureux. Sa livrée est gris sombre, presque noire, mais traversée sur le poitrail de rayures un peu plus pâles qui révèlent dans son ascendance quelque matou au poil tigré.

Evidemment, c'est le bol à fleurs, qui d'abord a séduit Kiki. Ce vorace, comme dit Irénée, « a toujours un boyau de vide ». Il est venu rôder autour de la Charmeraie en quête de vagues rogatons, ainsi qu'il fait chaque soir, trimardier chapardeur, autour des maisons de Solaire. Solaire, c'est ce hameau qu'on aperçoit là-bas, à trois cents mètres en amont, en sautant par-dessus les folles avoines.

« Il y a quelque chose ? demande Kiki.

— Bien sûr, presque moitié du bol. Ici, on a toujours de quoi... Dis donc, je connais un gaillard qui ne retourne plus à Solaire ?

— A tout à l'heure, dit Kiki. J'ai faim. »

Il trotte le long des murs et disparaît, un long moment, dans la courette.

Rroû l'attend, couché sur la pelouse. Une rosée légère poudroie sur le gazon. Il est neuf heures « à l'heure nouvelle ». Le soleil vient de s'enfoncer derrière les grands bois de Saint-Viâtre. De ce côté le ciel est tout doré, tandis qu'à l'opposé une pâleur transparente y monte, gagnant vers le zénith et buvant tout le bleu de l'espace.

Kiki revient en léchant ses babines.

« C'était bon ?

— Ça pouvait aller. »

Nez contre nez, les deux matous se flairent. Ils miaulent tout bas et ronronnent tour à tour. Bientôt leurs queues fouettent le gazon, leur échine commence à frémir. Une patte se lève, esquisse une feinte. Et brusquement un saut simultané sépare les deux camarades, les jette en garde l'un devant l'autre.

Alors une frénésie de joie, de bonds ardents, de bourrades et d'esquives s'empare d'eux comme une folie. Leur jeune vigueur se détend, leur vivacité se déchaîne. Dans l'air léger du soir ils puisent une force merveilleuse, qui prête à leurs corps durs et souples une liberté où toute pesanteur s'abolit. Debout et affrontés, il semble qu'on les voie se détacher de la pelouse, non pas d'un saut que déclencheraient leurs muscles, mais d'un envol presque lent aux regards, tant son aisance déconcerte les yeux.

Et déjà ils sont retombés, tapis dans l'herbe loin l'un de l'autre, traînant leurs ventres dans la rosée. Ils se détournent, ils s'ignorent. Chacun s'ébat pour son propre plaisir, se roule en grognant d'aise, rampe à toutes pattes dans le gazon où sa vitesse ouvre un fuyant sillage. Et de nouveau les voici face à face, soulevés ensemble d'un même bond vertical tandis que leurs pattes de devant, en bottes foudroyantes, en parades vertigineuses, menacent leurs museaux et leurs yeux.

Lequel a couru le premier ? Leur galop a rayé la terrasse. Des griffes ont crissé contre l'écorce du sureau. Ils sont là-haut, dans le feuillage obscur où leurs prunelles ont lui une seconde. Ils n'y sont plus, mais au faîte de la haie, mais de l'autre côté du grillage, et déjà par ici, dans le gazon mouillé des pelouses.

Poursuites, arrêts violents qui freinent sur le gravier, vives cabrioles entrelacées, pauses soudaines où les nez se rapprochent, brusques mornifles et crachements de menace, la fantasque partie les entraîne et les roule dans un crépuscule de sabbat. La pâleur qui montait dans le ciel a gagné jusqu'à l'Occident. Une grosse étoile y brille, dans une transparence indécise que la nuit bleue ne veloute pas encore. La lueur dorée qui s'étendait là-bas a fini par sombrer derrière la noire épaisseur des bois ; c'est de l'autre côté qu'elle tremble, qu'elle monte comme une étrange aurore.

Les deux chats la pressentent derrière eux. Elle les énerve comme un frôlement, hérisse leur poil de sa chaleur glacée. Lorsqu'ils se jettent l'un contre l'autre, ils poussent franchement l'élan au lieu d'esquiver le contact. Ils s'empoignent à pleines pattes, appuient de toute leur poitrine. Leurs griffes s'écartent, accrochent une prise hargneuse et blessante. Et soudain Rroû miaule de colère, l'épaule rudement égratignée.

Alors il oublie tout, le jeu, le soir léger, l'allégresse des poursuites galopantes. La sauvagerie pousse en lui son flot rouge. Il se rue, la gorge grondante, roule sous lui l'adversaire et mord à pleines mâchoires, en cherchant à blesser profond.

Kiki a hurlé de douleur. Il s'est tordu, il a secoué l'étreinte d'un soubresaut désespéré. Mais déjà Rroû l'avait dénouée, toute sa colère fondue en une langueur inexplicable, une volupté poignante et triste.

L'autre chat s'est assis dans l'herbe, à quelques pas. Il ne trahit aucune crainte, aucune velléité non plus de reprendre le combat. Il reste là seulement, près de Rroû, en proie au même trouble profond, au même désir amollissant.

A son tour, le chat noir s'est assis. Leurs deux silhouettes jumelles, au milieu de la pelouse, gardent une immobilité rigide. On croirait deux chats de bronze, appuyés sur leurs pattes tendues, la tête haute et les oreilles pointées. Tous deux regardent, à l'Orient, la lueur nocturne qui se lève. Elle pose maintenant au bas du ciel une clarté rouge d'incendie. Des toits lointains, sur l'horizon, allongent leur échine près d'une meule qui fait le gros dos. Une fumée, piquée au bord d'une cheminée, étire sur la lueur même une mince banderole qui flotte sans un frisson.

Et voici que de la pelouse un chant s'élève, triste et brûlant, une double plainte qui râle et qui caresse, un appel rauque et limpide tour à tour dont l'ardeur emplit la nuit tiède. Un dôme de feu somme le faîte des toits, érige au-dessus d'eux une coupole incandescente. Il monte encore, se détache des toits, devient un globe énorme qui se suspend sur le hameau.

Toujours assis dans l'herbe, côte à côte et loin l'un de l'autre, les deux matous, la tête levée, feulent ensemble à pleine gorge et poussent sans fin vers la lune la gémissante cantilène du désir.

VIII

LE HAMEAU

HIER au soir Kiki n'est pas venu. Ce soir encore, il ne s'est pas montré. Rroû, au lieu de l'attendre, est allé le chercher vers la masure d'Irénée.

Mais c'est en vain, tournant autour des murs, vers le clapier ou l'écurie de l'âne, qu'il a jeté ses miaulements d'appel. Kiki était parti ailleurs, sans avertir, en malotru qu'il est. Rroû n'a pas appelé davantage : il a continué son chemin vers les toits des maisons de Solaire, blottis en tas dans un creux des glèbes.

Il ne faisait pas encore nuit. Sur un chemin charretier tout proche, un attelage cahotait en ralliant le hameau, et les essieux des roues claquaient dans le calme du soir.

Pourtant, du côté des maisons, le silence frémissait d'une animation incessante. A mesure que Rroû avançait, une rumeur se levait dans le crépuscule, faite de cent bruits confus qui peu à peu se précisaient : un fléau battait sur une aire, le meuglement d'une vache retentissait longuement, étouffé sous le chaume de l'étable. Rroû allait le long du halage, d'un petit trot dansant et régulier. Avec les bruits portés par la brise d'est, les odeurs du hameau venaient au-devant de lui. L'air sentait la fumée des âtres, la paille chaude des fumiers, l'acidité du caillé dans les jarres. Rroû avançait toujours, droit devant lui, de la même allure résolue.

Déjà les maisons se haussaient, se séparaient les unes des autres. Elles étaient entourées de petits jardins potagers où les folles herbes, se mêlant aux légumes, débordaient par-dessus les clôtures, à travers les maillons des fils de fer rouillés. Des voix d'hommes s'entendaient à présent, des cris d'enfants qui jouaient sur les seuils. Rroû s'arrêta sous de hautes orties, épia un instant les entours.

La nuit était toute proche : les fenêtres des maisons s'éclairaient. Aux lisières du hameau, entre les buissons du halage et les façades enguirlandées de treilles, un engoulevent volait bas, virant sans trêve sur ses ailes silencieuses ; et sa gueule béante comme un gouffre happait les moucherons du soir.

Rroû avança d'un pas, juste à la frange des orties, et reprit son affût passionné. Il se sentait, ce soir, plein de force. L'impatience qui frémissait en lui, il en était pleinement le maître. Quoi qu'il pût arriver il était prêt, sûr de ses muscles, de sa prudence, de son courage. Pas un instant, depuis deux jours, la brûlure du désir n'avait cessé de tenailler sa chair. Mais à présent que l'heure était venue, que les promesses violemment espérées palpitaient dans le vent du soir, il avait cessé de souffrir, il attendait avec une âpreté heureuse, et cette attente au seuil de l'aventure était déjà comme un assouvissement.

Une lanterne tempête, balancée par un bras invisible, traversa une cour voisine. Sa clarté jaune faisait mieux perceptible l'ample crue de la nuit sur la plaine : elle coulait par les champs comme une eau lourde, un peu huileuse, entourait les maisons et gagnait le long des murs. Les cris d'enfants, un à un, s'étaient tus. Les verrous claquaient dans leurs gâches et les fenêtres s'éteignaient.

Rroû tressaillit : un appel lentement modulé tremblait tout près, derrière l'encoignure d'une grange. Il gémissait tout bas, venait vers lui à la pointe des herbes. Et sa douceur était si tendre que l'herbe effleurée frissonnait comme le pelage d'une bête vivante. Rroû se souleva, cambra les reins. Une joie violente le transportait, un désir éperdu de batailles immédiates, de jouissances barbarement conquises. Il bondit, son roucoulement de chasse à la gorge.

Mais derrière le coin de la grange, il n'y avait plus personne. L'aire battue s'étendait, bleuie d'une clarté cendreuse. Aucun bruit, sinon le tintement très léger d'une gourmette de métal qu'un taureau, en tirant le foin, faisait sonner contre le bord de sa mangeoire.

Rroû s'assit au milieu de l'aire, reniflant les remous nocturnes. Malgré le silence du hameau, il sentait de toutes parts une fièvre qui bougeait dans la nuit. Lorsqu'il avait sauté sur l'aire, il lui avait semblé que deux bêtes aux oreilles pointues avaient filé à l'autre bout, dans le noir des jardins en broussailles. Et déjà, sur le talus du fleuve, le long des vieux murs encore chauds, les voix d'appel sanglotaient tout bas, modulaient leur plainte voluptueuse. Elles chantaient jusque dans le ciel, à la crête anguleuse des toits, au tournant des cheminées. Elles montaient, de plus en plus hautes, parfois soulevées d'ardeurs furieuses, exultant d'un délire sauvage, et parfois se brisant en râles douloureux, en gémissements blessés qui paraissaient mourir.

Des chutes soudaines meurtrissaient l'herbe. Partout, dans la nuit vivante, des galopades s'entendaient, un martèlement de pattes précipitées qu'on distinguait très loin à travers le calme de l'air. La brise crépusculaire s'était assoupie tout à fait. L'haleine de la brûlante journée tremblait maintenant sur la terre noire, montait tout droit vers les étoiles. Et toujours, des jardins chevelus aux fourrés du talus de Loire, des cours de fermes aux pentes des toits de tuiles, les voix des chats pantelaient dans les ténèbres chaudes, se provoquaient et se mêlaient, tremblaient de toutes parts avec l'haleine de la terre.

Rroû allait au hasard, par intervalles feulant et griffant les broussailles. Tous ces cris lui soulevaient le poil, avivaient la brûlure de son sang. Ses oreilles bourdonnaient, son cœur battait follement et soudain lui semblait s'arrêter. Il continuait d'aller, de quêter, ses yeux verts étincelant dans l'ombre, les pattes égratignées par les barbelures des grillages, hors de lui-même et bientôt enragé par son insupportable solitude.

Vingt fois il avait entrevu ces doubles courses bondissantes qui violemment attisaient son ardeur. Mais à peine aperçus les corps soyeux s'évanouissaient, s'enfonçaient au mystère de l'ombre. Vainement il se ruait derrière eux. Vainement il jetait devant lui, à pleine gorge, le cri rauque et grondant du défi. Toujours il était seul, errant dans la nuit trouble où se cachaient les couples en amour.

Il s'arrêta enfin, debout contre une borne charretière. Ses flancs haletaient. Il promena sur eux sa langue sèche, puis se coucha au pied de la borne, replié sur sa force inutile. Sa silhouette noire, enfoncée dans le creux d'ombre épaisse, disparaissait à tous regards. Il ne faisait pas un mouvement, résolu désormais à changer de tactique, à remplacer ces crochets décevants par un affût immobile et muet. S'il le fallait, il resterait là toute la nuit. Il ne sentait aucun découragement. La certitude ne l'avait point quitté que le moment viendrait, tôt ou tard, où l'aventure s'offrirait comme une proie.

Les voix félines retentissaient toujours, toutes déchirées de passions barbares. Leur mélopée le faisait frissonner ; mais il matait chaque fois les forts élans qui le soulevaient, et restait là, ramassé sur lui-même dans l'ombre complice de la borne. Des chats encore, d'autres traversaient les jardins. Des pelages pâles, des pelages sombres, emportés dans leur course étiraient de longues flèches sous la lune. Elle montait, opaline, dans le ciel ; et sa fluide clarté accroissait le délire des chats. Combien étaient-ils, cette nuit, à mener sarabande par les dédales du hameau endormi ? Il en était venu des métairies perdues, du village lointain où l'horloge de l'église, de quart d'heure en quart d'heure, tintait lentement au plus haut de l'air. Kiki était venu de la masure d'Irénée. Lui aussi hurlait avec les autres, se roulait avec eux au cœur de la chaude aventure.

Encore un cri, d'une force presque terrible, un glapissement de bête qu'on tue. Deux mâles se battent à quelques pas, se déchirent et se mordent avec une frénésie aveugle. L'un d'eux faiblit, roulé par son ennemi : un énorme matou zébré de rayures fauves que Rroû distingue dans la nuit. Il voudrait provoquer cette brute, mesurer sa vigueur redoutable. Il va miauler, il va bondir. Mais déjà les deux chats disparaissent, le mâle rayé poursuivant sa victime, rivé à elle par un acharnement joyeux.

Rroû, brusquement, s'est aplati. Il hume, tout proches, de bouleversants effluves. Il darde ses regards vers un point où les herbes bougent. Elles plient, elles s'écartent doucement ; et Rroû baisse un peu les paupières pour cacher les feux verts de ses yeux.

Toute fine, légère, presque blanche, la chatte vient d'émerger de l'herbe. Elle s'arrête ; elle écoute, un peu tremblante encore, les hurlements du mâle blessé. Ils faiblissent, ils s'éloignent dans les fourrés du talus de Loire. Alors, la chatte s'étire, cambre longuement son corps à la clarté bleue de la lune. Elle est seule, elle respire, en caressant ses flancs de sa queue.

Son miaulement terrifié, son sursaut pour une fuite éperdue, le bond de Rroû les a devancés. Le mâle noir se tient en face d'elle, avance vers elle et la tient sous ses yeux. En arrière, c'est le mur d'un pignon ; et le mâle noir est là, qui lui coupe la retraite vers les champs. Elle le regarde, un peu plus grand qu'elle, mais comme elle de lignes minces et gracieuses. Ses yeux ardents ne menacent point, et le roucoulement est si tendre dont sa gorge vibre tout bas ! Elle hésite, elle s'allonge dans l'herbe, tandis que Rroû prolonge son implorante et voluptueuse chanson : « Ne tremble plus. Reste. Je t'ai trouvée. »

IX

CALINE

ILS sont couchés à trois pas l'un de l'autre. Le ciel nocturne est plein d'une poussière d'étoiles. Voilà longtemps que le croissant de lune a glissé tout là-bas, derrière les grands bois de Saint-Viâtre.

Depuis des jours — combien de jours ? — ils se retrouvent ainsi dans le clos de la Charmeraie. Le premier soir déjà ils ont fui le hameau. Ils ont trotté ensemble sur l'étroit sentier du halage, franchi le portillon entre ses lattes de bois. Et ils se sont aimés loin des batailles sauvages, dans la douceur veloutée du jardin.

« Tu te rappelles ? » dit la chatte blanche.

Elle lui avait conté les nuits maléfiques de Solaire, la guerre des mâles affolés de désir. Elle tremblait, angoissée d'une terreur mortelle, en évoquant leur férocité. Mais entre tous elle redoutait le louche Nez noir, et Raies jaunes le sanguinaire.

Ceux-là étaient les tyrans du hameau. Ce qu'ils voulaient était la loi. Pas une chatte, sinon elle-même, qui pût échapper une saison à l'étreinte de l'un ou de l'autre, pas un matou qui pût leur tenir tête. Raies jaunes avait la force et le courage brutal, Nez noir la méchanceté sournoise. Par lâche calcul, il s'était fait le valet du colosse, il lui avait apporté son astuce, ses ruses cauteleuses et toujours redoutables. « J'avais si peur, si peur... » miaule tout bas la chatte blanche. Rroû le voit bien, elle a peur encore. Elle évoque les deux bêtes puissantes, elle parle d'elles en frémissant, comme si la crainte qu'elle éveille en son cœur, elle l'éveillait exprès pour la joie ambiguë qu'elle y trouve.

Elle est toute blanche, avec un nez humide et rose, d'un grain plus doux qu'un pétale de fleur. Tout son corps est douceur fondante. Sa nuque est si soumise que s'il arrive à Rroû de la mordre, c'est seulement par voluptueuse tendresse, sans jamais la serrer pour la maintenir prisonnière. Il aime Câline, il s'abandonne au délice de l'aimer.

Elle lui a défendu de venir le jour à Solaire, de s'offrir aux soupçons de Nez noir, à la colère de Raies jaunes. « Tu ne peux pas savoir... », dit-elle. Rroû obéit, non par crainte des deux mâles haïssables, mais parce qu'il ne peut résister à la prière de son amie. Peut-être a-t-elle raison, elle qui sait ce qu'il ne sait pas. Un corps à corps même inégal, des blessures, son sang répandu, cela ne serait rien si Câline était à ce prix. Mais elle l'adjure chaque nuit de sauvegarder leur radieuse solitude. Elle répète fiévreusement qu'une imprudence les perdrait l'un et l'autre, la livrerait sûrement aux pattes énormes de la brute, et pis encore, peut-être, à l'odieux désir du sournois. Et elle gémit, elle frissonne : « Je ne veux pas, j'aimerais mieux mourir. »

Rroû est seul dans le grand jardin, et le jour est interminable. Les enchantements du sureau, ceux du talus se décolorent et se fanent. Le chat noir rêve à l'amie lointaine, triste de son absence et déchiré par l'inquiétude. Il aurait honte de sa lâcheté, si le souvenir de la chatte au nez rose ne prenait dans le clair du jour une clarté pure qui l'apaise. Mais quand le soir descend avec les eaux du fleuve, quand l'engoulevent volète sur les rosiers, la brûlure du désir le point, il miaule de jalouse impatience, s'élance sur le halage et galope ardemment vers Solaire.

Jamais il n'atteint les maisons. Sur le sentier, au

ras des herbes, une tache pâle apparaît, glisse vers lui et le rejoint : « Vite ! Plus vite ! Sauvons-nous là-bas. » Ils trottent vers la Charmeraie, Câline devant, Rroû un peu en arrière. Elle semble toujours poursuivie. Lui s'attarde parfois, regrettant le mystère des venelles, les cris farouches qui déchirent les ténèbres. Mais il va, il suit la chatte blanche, captif d'un charme amollissant qui le prive de toute volonté.

Longtemps après, lorsque le grand Chariot a tourné dans le ciel, ils s'allongent, lassés de caresses, dans l'herbe où fraîchit la rosée. Ils attendent, baignés d'une fatigue heureuse, que le désir renaisse dans leurs veines. Ils causent à miaulements menus.

Et Câline, comme les autres nuits, parle des drames de Solaire, des traîtrises de Nez noir, des agressions féroces de Raies jaunes. Tous les chats de là-bas, il semble à Rroû qu'il connaisse chacun d'eux. « Oui, dit Câline, Kiki est à Solaire, et le borgne du Petit-Buisson, et l'angora bleu de Saint-Viâtre, et le grand tigré de Faujuif. Rien qu'à Solaire, nous sommes douze. »

Rroû l'écoute, puis l'interroge. Il le savait, Kiki est un rustre, satisfait d'amours faciles. Depuis plusieurs saisons il retrouve là-bas la vieille Moune, la mère de tous les chats, que nul matou ne lui dispute plus. Mais les autres ? Mais tous les autres ? Et celui que Raies jaunes, la première nuit, a férocement roulé sous les yeux mêmes de Rroû, celui qu'on entendait hurler dans l'épaisseur tragique du fourré ? Comme Câline écoutait sa plainte ! Et quelle joie perverse la faisait se cambrer sous la lune !

Hier enfin, elle a tout dit. Raies jaunes, cette nuit-là, avait tué Pille dans le fourré. C'était un mâle d'un an, un mâle noir aux yeux verts qui ressemblait à Rroû. Mince, élancé, hardi, il avait révélé, cette saison, une ardeur amoureuse dont toutes les chattes de Solaire avaient frémi dans les jardins. Quand il appelait du fond de sa gorge, quand il vous appuyait aux yeux le regard de ses prunelles chaudes, une langueur invincible vous maintenait couchée devant lui. On se roulait lentement ; on gémissait bas, comme lui, en griffant l'herbe à petits coups.

« Ah ! toi aussi, Câline ? »

Elle fermait à demi les paupières, sa langue rose caressait ses babines.

« Moi aussi, Rroû... Je suis une chatte. Auprès de lui j'étais heureuse, mais mon heure n'était pas encore là. Elle approchait, je me sentais faiblir... Ah ! méchant Rroû, l'aurais-tu oublié ? L'heure est venue la nuit que tu sais, la nuit de lune sur la borne blanche. Tu étais là, toi aussi gémissant de désir, pendant que Pille hurlait à mort dans le fourré. »

La chatte ouvrait les yeux, elle se cambrait comme l'autre nuit :

« Un peu plus tôt, c'est toi que Raies jaunes aurait tué. »

Rroû, depuis un moment, tendait rudement ses pattes et griffait l'herbe avec violence. Il eut un grognement rauque, si profond et si long que l'échine de Câline se glaça.

« J'irai là-bas ! Je me battrai contre Raies jaunes ! »

Alors la chatte, devant lui, se mit à se rouler lentement, à moduler un chant faible et limpide, par intervalles soulevant la tête, et glissant entre ses paupières un étrange regard qui brillait comme une flamme sous les eaux. Et le grondement de Rroû venait mourir entre ses dents, se fondait peu à peu et coulait dans la nuit, pareil au chant de la chatte blanche. Déjà, du côté de Solaire, l'aube pâlissait sur les maisons. Il ne restait au-dessus des arbres que quelques grosses étoiles, et chacune à son tour s'évanouissait dans la clarté du ciel, comme une goutte d'eau pure au miroir d'un lac immobile.

Par la lucarne de la basserelle, on entendait Clémence qui toussait dans sa chambre. L'aube froide, touchant les arbres et les murs, tirait les objets hors de l'ombre, les modelait un à un avec une sécheresse sans mystère. Câline perdait son charme, redevenait une maigre chatte au poil souillé de feuilles mortes. Elle s'éloignait du côté du halage sans qu'il se retournât vers elle. Et quand, un peu plus tard, le lever de Clémence faisait grincer les ressorts de son lit, Rroû se dressait enfin, sautait entre les lattes du portillon, et s'enfonçait sous les broussailles du talus.

X

NEZ NOIR

Il oubliait les hommes et la maison. Il pensait au hameau, à tous les chats qui n'étaient point Câline, au matou noir pareil à lui, à Raies jaunes qui l'avait étranglé. Maintenant, quand par le souvenir il revivait les nuits du jardin, il lui semblait entendre, par-delà l'étendue des champs, la fauve clameur qui montait de Solaire.

Une menace pesait sur ses journées, il en sentait l'approche irrésistible. Qu'il violât enfin sa promesse ou qu'il continuât d'attendre dans les taillis de la Charmeraie, l'autre heure viendrait sûrement où l'amour n'aurait plus cette douceur amoindrissante, mais le goût du meurtre et du sang. Il le savait et il était sans crainte. A ce sursaut violent de l'aventure, il était prêt, toute sa vie de nouveau tendue, de nouveau savoureuse et gonflée des joies qu'il aimait.

Câline, un soir, parut plus tôt que de coutume. Elle le trouva près de la maison, sous un épicéa dont les branches étalées touchaient presque, du bout de leurs palmes, à la lucarne de Clémence. Elle paraissait hagarde, elle jetait sans cesse autour d'elle des regards pleins d'anxiété, et parfois tressaillait d'un grand sursaut nerveux.

Elle lui dit, toute haletante, qu'elle le cherchait depuis longtemps, qu'elle avait battu en tous sens le talus sous le portillon. Mais il n'y était pas. Pourquoi ? Il lui avait pourtant juré qu'il s'y cachait durant le jour.

Rroû la laissait dire avec calme. C'était une chatte, il n'était point surpris des reproches où elle s'égarait, oublieuse déjà de sa terreur et du but de sa course. Elle y revint enfin, recommença de s'agiter, de jeter par-dessus son épaule des regards à demi fous : Nez noir, toute la journée, l'avait suivie en se dissimulant. Plusieurs fois elle avait surpris son laid visage embusqué dans l'herbe. Et personne, là-bas, qui pût la protéger, la défendre ! Elle avait attendu le soir, sans plus bouger, cachée sous la margelle d'un vieux puits abandonné. Et elle s'était enfuie en suivant les billons d'une avoine, vers le nord, prolongeant très loin son détour avant de rejoindre le halage.

« Et puis ? » demanda Rroû.

Elle coucha soudain les oreilles et sauta dans les branches de l'arbre. Aussitôt il fit front vers l'allée, se hérissant de la nuque à la queue. Ce n'était rien : il détendit ses pattes, et d'un bond souple rejoignit son amie.

« Et puis ?

— Je l'ai revu, murmura Câline. Je suis sûre, sûre que c'était lui, caché sous un cerfeuil sauvage. Pense... je suis si blanche que même dans la nuit on me reconnaît de loin. »

Rroû, doucement, lui lécha le front.

« Tu as rêvé, ma petite Câline. Tu songes trop à ces deux brigands. La grande peur aura trompé tes yeux : ce n'était qu'une pierre moussue sous l'ombelle du cerfeuil sauvage. »

Ainsi s'efforçait-il d'apaiser sa craintive amie. Mais il savait que Nez noir approchait. Il sentait dans la nuit sa présence invisible. Et sous la branche qui les portait il surveillait l'allée bleuâtre, et plus loin l'épaisseur d'ombre inerte qui comblait la courette de Clémence.

Déjà Câline parlait d'autre chose, revenait à ses

puérils reproches : Pourquoi Rroû lui avait-il menti ? Pourquoi n'était-il pas là où elle pensait le trouver ? Il expliquait, en continuant d'épier l'allée : Non, il n'avait pas menti. Il passait tout le jour dans les broussailles du talus, quelquefois, très rarement, dans le feuillage du vieux sureau. Il voulait être seul dès que Câline n'était plus avec lui. Tout lui était indifférent, l'importunait ; et, plus que tout, les hommes avec leur agitation perpétuelle, leur bougeotte inguérissable : ces autos qui roulaient dans la cour, qui ronflaient, offusquant l'odorat ; ces cris, ces rires, ces familiarités : « Oh ! comme vous avez un beau chat ! » Depuis qu'il aimait Câline, il ne pouvait plus supporter le contact d'une main humaine. Ainsi, Clémence... Mais chaque matin et chaque soir, dans la courette, le bol à fleurs était plein jusqu'aux bords. Et la faim, quelquefois, le contraignait à s'approcher...

La chatte voulut que Rroû lui montrât le bol à fleurs, la porte de la cuisine, et bientôt toute la maison. Elle trottinait, ravie, le long des murs, et balançait son corps avec des grâces mignardes. Elle sautait sur l'appui des fenêtres, caressait son nez rose aux feuilles d'un jasmin, s'extasiait à n'en plus finir.

Lui se prêtait à ses fantaisies, peu à peu se prenait aux douceurs de la tendre promenade, oubliait les menaces de la nuit. Il fit voir à Câline la grande baie du bureau, la porte massive du garage, et la fenêtre de la chambre où reposait le maître endormi.

Enfin ils sautèrent sur le toit, par la basserelle, et grimpèrent sur les tuiles jusqu'à la lucarne de Clémence. Le nez appuyé à la vitre, ils regardaient en vain dans les ténèbres de la chambre.

« Elle dort, tu crois ? demandait la chatte blanche. Elle est vraiment là, dans la chambre ? »

Son cœur battait un peu plus vite, mais elle n'en regardait que mieux.

Et soudain on remua dans la chambre, une allumette craqua, rayant la nuit d'une flamme bleuâtre.

Câline n'y put tenir : elle se rejeta en arrière, sauta au pied de la basserelle.

Et aussitôt elle fit un long cri de détresse, un hurlement affreux qui traversa la poitrine de Rroû. Avant toute pensée, il bondit sur les tuiles et fonça.

Ainsi l'heure était arrivée. Le mâle qu'il poursuivait et bousculait dans la courette, c'était Nez noir ; Nez noir qu'il tenait devant lui, sous ses prunelles étincelantes, et bientôt sous ses pattes crispées, sous ses mâchoires furieusement serrées.

Il s'avança, lui cracha au visage. L'autre, acculé dans l'angle de la courette, le surveillait de regards instables. Ses yeux étaient partout à la fois : au bout des pattes de Rroû, dans le poil de sa gorge, sur le verrou de la soute à charbon. Comme Rroû, il grondait et crachait ; mais on voyait qu'il avait peur, et qu'il cherchait éperdument une percée par où s'enfuir.

Il n'en eut pas le temps. Une fois, deux fois, Rroû balança l'échine, et fondit d'un élan forcené.

« A toi, bandit ! Tu ne m'échapperas pas. »

Nez noir roula sous lui en criant. Rroû le sentit entre ses pattes, enfonça toutes ses griffes en surveillant le mufle de Nez noir.

L'autre était vigoureux, une bête nerveuse et dure dont les sursauts le surprenaient par leur violence spasmodique. Il exultait de cette brutalité. Il lacérait de tous ses ongles, repliant le menton pour protéger sa gorge et cherchant celle de l'adversaire.

Enfin, enfin il tenait celui-là ! Il voyait ses yeux agrandis, la tache en diagonale qui barrait sa face d'un blanc sale, lui écrasant le nez et faisant plus immonde son air de sournoise méchanceté. Et il serrait, soulevé par instant sur les reins musculeux de Nez noir. Il ne sentait même pas les griffes qui labouraient ses flancs. Il boutait du museau, continuant de chercher la gorge. Et son grondement était d'ivresse joyeuse plus que de réelle fureur.

Nez noir, soudain, parut mollir entre ses pattes. Dans sa surprise, au lieu de bloquer l'étreinte, Rroû la laissa flotter une seconde. C'en fut assez pour que le traître lui échappât. Il se contracta brusquement, se détendit avec une raide vivacité. Rroû chancela sous son coup de garrot, le vit bondir en prenant point d'appui sur le verrou de la soute à charbon, bondir encore sur l'appentis, et déjà il fuyait vers les broussailles du talus.

« Lâche ! Lâche ! cria le chat noir. Mais n'aie crainte, je te retrouverai. »

Nez noir se retourna au bord de la pente buissonneuse.

« Moi aussi, gronda-t-il. Seul ou non, j'aurai ta vie. »

Il recula en se fouettant les flancs, et disparut dans le fourré.

XI

RAIES JAUNES

LORSQUE Nez noir eut disparu, Rroû, frémissant encore, respira longuement l'air nocturne. Il eût été pleinement heureux, sans le regret qui demeurait en lui de la bataille trop vite rompue. Ses griffes se contractaient encore, ses babines se fronçaient sur ses crocs. Il se lécha les flancs, étanchant à petits coups de langue les gouttelettes de sang qui perlaient dans sa fourrure. Et soudain, il pensa à Câline.

Sans plaisir, presque avec ennui. Elle avait dû s'enfuir comme une folle dès l'apparition de Nez noir. Où était-elle maintenant ? Dans quel état ? Il allait falloir la chercher, la cajoler, subir ses plaintes apeurées, s'abaisser à mentir pour essayer de lui rendre la paix. Au diable les chattes et leurs geignements ! Tout à l'heure, Nez noir secouait les reins avec une rudesse magnifique. On chancelait à chaque soubresaut, mais on serrait d'autant plus fort, les griffes bien plantées dans sa chair. Comme il avait molli bizarrement, à croire qu'il mourait sous l'étreinte ! Mais un mâle a la vie plus tenace. Ce n'était là qu'une feinte, une rouerie de vieux guerrier. La vraie traîtrise de Nez noir, c'était de s'être enfui au sortir du corps à corps, d'avoir refusé la bataille. Bientôt du moins, à la prochaine rencontre...

Mais il fallait d'abord chercher la chatte blanche, redevenir un amoureux transi. Allons...

Il se retourna, maussade, jeta un bref miaulement d'appel. Quelle stupeur ! Câline était à son côté, se frôlait longuement contre lui.

« Tu étais là ? Tu ne t'es pas sauvée ?

— Pourquoi ? dit-elle. J'ai tout vu. »

Son échine était dure et vibrante, ses yeux brillaient de flammes brouillées, et elle jetait sans trêve un ronronnement râpeux, une sorte de râle énervé.

« Tu saignes ? » dit-elle.

Il répondit rudement :

« Ce n'est rien. »

Et aussitôt, plus rudement encore :

« Crois-tu que Raies jaunes va venir ?

— Il viendra cette nuit, dit Câline.

— Et s'il me tue ? »

La voix de la femelle chavira :

« Ainsi, maintenant, tu penses qu'il peut te tuer ? »

Rroû allongea une patte brutale, et, d'une bourrade appuyée sur sa nuque, il plaqua la chatte contre terre. Alors elle se tordit doucement, lui attachant au yeux des regards enamourés, ondulant et rampant sous la patte dure qui ne la lâchait point. Et de la même voix basse et rauque, elle exhalait vers lui une plainte qui semblait un défi. Brusquement il gronda, enveloppé d'une rumeur d'orage. Il se rua en avant, et Câline gémit comme un ennemi blessé.

L'aube les surprit, moites de sueur, le poil terreux, les flancs creusés. Déjà, dans les saules du talus, la fauvette babillarde commençait à jaser. Vers les toits de Solaire, les cris des coqs se répondaient.

Ce fut alors que vint Raies jaunes. Il vint sans se presser, sans se cacher, par le grand chemin des voitures. Il s'avançait au milieu du chemin, énorme, assuré dans sa force. Rroû pouvait voir le collier blanc qui lui élargissait la tête, les boules de muscles qui jouaient à ses épaules. Dans la clarté grandissante du matin, ses zébrures fauves, presque rousses, brillaient d'un éclat doré.

Rroû recula sur l'esplanade, au pied du grand toit en basserelle. D'avance, il avait choisi cette place. Et maintenant qu'il voyait Raies jaunes, il comprenait qu'il avait bien choisi.

Raies jaunes devait peser presque deux fois son poids. S'il se laissait saisir par ses pattes monstrueuses, il n'échapperait pas à la mort. Ce qu'il fallait, c'était combattre en terrain libre, multiplier les esquives et les feintes, frapper de loin chaque fois qu'il le pourrait, essouffler la pesante brute pour l'amener à se découvrir. Rroû regardait ses yeux bleuâtres, insoucieux de leur froideur méchante. Il ne frapperait qu'aux yeux, près des yeux. Même si ses ongles ne crevaient leurs prunelles, ils lacéreraient autour et les aveugleraient de sang. Alors du moins, Rroû crèverait les yeux de Raies jaunes.

Il se tint donc au milieu du placis et regarda l'adversaire approcher. La chatte avait sauté sur la basserelle. Couchée à deux toises du sol, elle aussi regardait ardemment.

Les deux mâles grondèrent ensemble. A peine si Raies jaunes accéléra sa puissante allure. Son collier hérissa des poils raides, il découvrit ses crocs et montra ses gencives sanglantes. La chatte, penchée sur le toit, n'eut pas même le temps d'entrevoir le tourbillon de leur double élan : deux rugissements confondus, des pattes dardées comme l'éclair, une silhouette mince et sombre qui monte tout droit et rebondit. Déjà les mâles se retrouvaient l'un devant l'autre, Rroû le col un peu en arrière, Raies jaunes tendant son mufle épais. Et tous les deux grondaient encore en se regardant droit aux yeux.

Et de nouveau, vertigineuse, une passe d'armes les rapprocha, entrecroisa leurs pattes griffues. Raies jaunes attaquait bas, la gueule presque à ras de terre et les épaules ramassées. Rroû, d'un bond, refusait le contact, esquivait de côté et portait sa botte en plein vol : Câline se rendait compte, aux grognements rageurs de Raies jaunes, que les griffes du noir portaient rudement à chaque détente.

Trois fois ils s'affrontèrent ainsi, faisant gicler le sable au pied de la basserelle. Le noir, entre les brefs assauts, rompait lentement vers l'angle du pignon, et Raies jaunes le suivait pas à pas. Encore un peu, ils auraient dépassé la maison. A mesure qu'ils se déplaçaient, Câline se tournait sur les tuiles, la tête toujours penchée vers eux. Soudain Rroû l'entendit crier :

« Fais attention ! A toi derrière ! »

Au même moment, il sentit sur ses reins le choc d'un corps lancé à la volée. Il chancela, voulut faire tête, mais déjà la masse de Raies jaunes le bousculait en pleine poitrine ; et il roula, il disparut sous la ruée triomphante des deux mâles.

Il entendait tout contre son oreille le grondement joyeux de Nez noir. Il se tordait avec une frénésie rageuse, la tête rentrée dans les épaules, cherchant à dégager ses pattes pour griffer au hasard dans le poids chaud qui l'écrasait. Mais ses pattes étaient prisonnières, clouées au sol par des crampons aigus. Maintenu sur le dos, l'échine meurtrie par les cailloux, il ne pouvait que se tordre sur place, secouer un peu — combien de temps encore ? — la progressive et meurtrière étreinte.

Il sentait sur son ventre le mufle massif de Raies jaunes. Et ce mufle soufflait, fouillait, pendant qu'une pression implacable écartelait ses pattes de derrière. Il devina l'ignoble attentat, précipita ses soubresauts en rugissant avec désespoir. Ses cuisses tremblaient, une morsure l'effleura. Il eut alors une secousse si violente qu'il sentit vaciller sur lui la masse énorme de Raies jaunes. La tête du matou dévia juste au moment où ses mâchoires claquaient : mais ses dents accrochèrent quand même, mordirent la chair au pli soyeux de l'aine. Et Rroû hurla, hurla, tandis qu'une fulgurante douleur lui transperçait toute la cuisse et qu'un ruissellement doux et chaud glissait le long de sa patte déchirée.

Ainsi, dans le matin bleuâtre, montait le hurlement de Rroû. Comme Pille dans le fourré de Loire, il criait à la mort dans le jardin de la Charmeraie, sous la basserelle où tremblait la chatte blanche. Il comprenait qu'il était perdu, que l'attaque allait fondre encore, que ses ennemis ne feraient point quartier. Et il criait, se débattait quand même, criait encore au pied de la maison.

Aucun des chats ne vit surgir le grand fantôme. Il apparut au coin de la soute à charbon, enveloppé de linges blancs, un bonnet blanc serré sur ses cheveux. Il courut, un balai à la main, frappa Nez noir, frappa Raies jaunes avec une vengeresse frénésie.

Raies jaunes, une seconde, se retourna, fit tête. Et Rroû, ce matin-là, découvrit que Clémence était plus brave qu'il ne pensait. Elle marcha, intrépide, sur Raies jaunes, abattit derechef son balai redoutable, si roidement que Raies jaunes en glapit. Il s'enfuit, le dernier, l'échine tordue et la queue basse.

Alors Clémence laissa tomber son arme, se pencha sur le sable rougi et souleva Rroû dans ses bras.

XII

LE BOL A FLEURS

ELLE l'avait porté dans sa chambre, déposé au pied de son lit. Elle qui pâlissait à la vue d'une goutte de sang, elle avait eu l'autre courage d'examiner la plaie béante, de la laver, de la panser.

Raies jaunes avait mordu profond. La tunique musculaire violemment arrachée, pendait en un large lambeau sur la face interne de la cuisse ; et l'on voyait la chair profonde, les tendons pâles se contracter en spasmes courts et frissonnants.

Clémence, dans une soucoupe, avait mêlé l'alcool et l'eau bouillie. De ses mains fortes, avec de douces paroles qui encourageaient et calmaient, elle avait tamponné la blessure, essuyé un à un les gravillons dont elle était souillée. Rroû, malgré lui, grognait encore par intervalles, les yeux levés vers la lucarne dans le toit.

« Non, non, disait Clémence, ils ne reviendront plus. Ou alors, s'ils reviennent... »

Elle serrait les poings et pointait un menton menaçant, puis revenait à sa besogne, épinglait la bandelette de gaze.

« Là, c'est fini, reste tranquille. N'est-ce pas que ça te fait moins mal ? Maintenant tu vas dormir, bien sage. Tu vois, je pousse la porte, mais sans la fermer tout à fait. Je suis tout près, je reviendrai souvent. »

Clémence était partie, appelée par les soins du ménage. Rroû somnolait, un peu fiévreux, ouvrant à peine un œil, de minute en minute, lorsque Clémence poussait doucement la porte et le regardait sur le lit. Sa cuisse ne lui faisait plus mal, à condition qu'il ne la bougeât point : juste un peu de raideur et un picotement sous la peau. Le corps lové en rond sur le lit de Clémence, il reposait dans le silence de la chambre, les flancs soulevés parfois de longs et paisibles soupirs.

Le soleil monta sur les arbres, dépassa la crête du toit. Un chaud rayon traversa la lucarne et lentement tourna sur le lit. Rroû sentit sa caresse dorée, ouvrit les yeux, s'étira et coucha son menton sur ses pattes.

Longtemps il se tint immobile, une lueur rigide et glauque filtrant sous ses paupières. Il regardait très loin, par-delà les murs de la chambre, et respirait plus vite, d'un souffle rude, un peu oppressé.

Brusquement il miaula, tendit le mufle vers la lucarne, et, debout, balança l'échine : c'était trop haut, il ne pouvait bondir jusqu'à l'ouverture du châssis. Il s'avança au bord du lit et sauta sur le carrelage.

Oui, sa blessure lui faisait un peu mal, lui tiraillait péniblement les chairs. Mais la douleur demeurait supportable. Et d'ailleurs, quand il aurait couru, cela disparaîtrait dans la bonne chaleur de la course.

Il inséra sa patte dans l'entrebâillement de l'huis, après sa patte son museau, et coula tout son corps à la suite. Ce n'était pas sa plaie qui le gênait le plus, mais bien la guenille blanche dont Clémence l'avait bandé. Quand il eut traversé la cour et gagné le chemin de halage, Rroû s'arrêta contre un roncier et frotta sa jambe prisonnière. Les épines harponnèrent la toile, il n'eut plus qu'à tirer pour la leur laisser accrochée.

Maintenant, cela allait bien mieux. Tout son corps était libre et dispos. Quand il aurait le temps, plus tard, il lécherait les bords de sa plaie, et la peau serait vite recollée. La lumière déclinait déjà, il avait perdu tout un jour entre les murs de la chambre. Il se mit à courir dans la direction de Solaire.

Un peu plus loin il s'arrêta encore, de lui-même, sans cause apparente. Sa course avait soudain ralenti, avait paru mourir sur une dernière lancée. Il s'assit au bord du chemin, surpris du changement profond qui venait de se faire en lui : un détachement étrange, presque absolu, dont rien n'avait annoncé l'approche.

Le courage impétueux qui l'avait jeté hors de la chambre, l'image de la chatte blanche, celle de ses féroces agresseurs et le besoin de la vengeance, tout cela s'effaçait, refluait au loin d'une seule vague, ne laissant derrière soi qu'un vide heureux, une liberté pleine de fraîcheur. Le monde, autour de lui, venait de prendre une transparence légère, une grâce toute neuve qu'irisaient à ses yeux mille couleurs, mille reflets qui bougeaient sur son corps.

Il commença de lécher sa blessure, paisiblement, avec une sorte d'indifférence. Il songeait à Nez noir, à Raies jaunes, et n'éprouvait presque plus de colère. La rancune qui lui restait au cœur, il n'en retrouvait plus la sauvage âcreté. Toutes les dettes se paieraient un jour, mais l'occasion viendrait d'elle-même : il n'était pas besoin de courir ainsi vers Solaire, à l'aveuglette, comme un chat fou.

Il releva la tête, demeura une patte en suspens. Une voix connue le saluait, toute proche :

« Bonsoir, Rroû. »

C'était Kiki, un tantinet maigri, la mine cordiale quoique un peu cafarde.

« Bonsoir, dit Rroû. Je ne m'étais pas aperçu, figure-toi, que j'étais devant ta maison. »

Il toisa le chat d'Irénée, le poussa de l'épaule avec une bonne humeur bourrue :

« La vieille Moune t'a laissé partir, il me semble, et maintenant tu penses aux amis ? Ils étaient deux contre moi, tu sais... »

Kiki détourna les yeux, l'air plus gêné encore, et plus penaud.

« Ça n'était pas de ma faute, Rroû. Tant que dure la saison, tu le sais, on oublie comment on vit, on fait rarement ce que l'on voudrait faire.

— Oui, dit Rroû, je le sais. Tout ça pour une vieille chatte ventrue ou pour une mijaurée trop blanche. Mais c'est fini, fini, fini... Ah ! vieux copain ! »

Ils échangèrent une nouvelle bourrade. Kiki, de joie, fit une cabriole.

« Tu viens ? » dit Rroû.

A petits trots parallèles et dansants, ils retournèrent vers la Charmeraie. Parallèlement aussi, leurs queues dressaient leurs hampes flexibles. Tout en trottant, parfois, ils frottaient leurs museaux l'un à l'autre.

« Dis donc, Rroû ?

— Eh quoi, Kiki ?

— Le bol à fleurs est toujours à sa place ?

— Tu vas voir.

— Et toujours aussi bien garni ?

— Comme Clémence sait le garnir. »

Ils tournaient au coin du garage, sautaient ensemble dans la courette.

« Voilà le bol, dit Rroû. Je pense que tu le reconnais ?

— Je n'en sais rien, je te dirai ça tout à l'heure.

— Et quand cela, vieux jardinier ?

— Quand j'y aurai goûté », dit Kiki.

Il y goûta, mais le second. Rroû lui enjoignit d'attendre, y plongea seul sa tête noire. Il avait terriblement faim, il mangeait et mangeait encore, tout en grondant pour écarter Kiki. Et celui-ci, les yeux anxieux, la bouche bavant de convoitise, l'implorait à miaulements lamentables.

« Laisse-m'en, Rroû, laisse-m'en un peu.

— Ouf ! dit le noir, je n'en peux plus. Maintenant, je veux bien partager. »

XIII

PARADIS

AINSI les traditions s'étaient renouées. Cette étrange, cette délicieuse paix qui avait surpris le chat noir au bord du chemin de halage, elle persistait, illuminant toutes les heures de sa vie. Les souvenirs de la guerre amoureuse, lorsqu'ils se réveillaient maintenant, ne débordaient point du passé, semblaient un rêve ardent et rouge dont la flamme ne brûlait plus.

Chaque soir, souvent aussi le jour, Kiki venait de sa maison basse. Toujours aussi fruste et vulgaire, il montrait du moins aujourd'hui une fidélité qui faisait oublier son égoïsme de la saison. Discret de poil, humble de cœur, il engraissait dans une oisiveté bien nourrie ; et il était, pour le chat noir, comme une image un peu grossière où son bonheur réfléchissait la luisance de sa belle santé.

Ils ne se quittaient presque plus. Rroû l'admettait ainsi pourvu que l'autre demeurât à sa place. Il voulait bien que Kiki le suivît dans les herbes folles du talus, dans la ramure du vieux sureau. Mais s'il lui disait : « Reste là », ou si encore il lui disait : « Tais-toi », il fallait que Kiki obéît.

Kiki obéissait toujours, avec une complaisance qui ne lui coûtait point d'effort. C'était une bête habituée à la dure, que nulle fierté n'embarrassait.

Des calculs sagement simplistes ordonnaient le décours de son existence terre à terre : pour l'attrait du bol à fleurs, il eût supporté au décuple les caprices du chat noir et sa dédaigneuse fantaisie.

« Te veux jouer ? disait Rroû. Joue tout seul, j'ai envie de dormir. »

Alors Kiki bâillait immensément :

« Comme c'est curieux ! Moi aussi, j'ai sommeil. »

Mais quand ils arrivaient ensemble au seuil de la chambre de Clémence :

« Halte ! ordonnait le noir. Tu ne t'es pas regardé, Kiki. »

Il avisait la niche peinte en fausses briques, condescendait par dérision :

« Fourre-toi là-dedans si tu veux. »

Et Kiki se fourrait dans cette chose ridicule. Il n'y avait peut-être pas au monde un autre chat qui s'en fût contenté.

Rroû pénétrait seul dans la chambre. Lorsque Clémence n'y était pas, il en aimait le grand silence, et l'odeur fraîche, un peu moisie. Avant de se coucher, il repoussait lui-même la porte, sautait alors au pied du lit. Un molleton rouge l'y attendait toujours, creusé en rond par le poids de son corps. Il l'avait reconnu : c'était celui-là même dont Clémence, autrefois, capitonnait le bac à parapluies. Il était épais et moelleux, mais bien plus sur le lit de Clémence que dans le fond du bac de zinc.

Rroû dormait sur le molleton rouge, d'un sommeil profond et sans rêves. Nulle autre part il ne dormait de pareil cœur, ne goûtait aussi forte, au réveil, la volupté d'avoir vraiment dormi. Pas un bruit qui vînt le distraire, pas un frisson de feuille, pas un frôlement de bête sous l'herbe. Et quelle sécurité divine !

Nez noir, Raies jaunes demeuraient à Solaire où Rroû ne mettait plus les pattes : tout était bien, chacun restait chez soi.

« N'est-ce pas, Clémence ? N'est-ce pas, Kiki ? Autre chose est de se battre à mort lorsque le sang bouillonne et vous rougit les yeux, autre chose de risquer bêtement une nouvelle et douloureuse blessure, lorsqu'on peut savourer, tout le long des jours et des nuits, une paix délicieuse et fondante, une vraie paix de paradis ? »

L'enchantement d'un soleil plus léger, d'aubes toutes roses, de midis bleus un peu voilés, de crépuscules transparents et verts, embellissait le ciel et la terre, de la Charmeraie à Solaire. Là-bas, sur les toits des chaumines, les fumées montaient droit dans le calme de la nue ; on n'entendait plus d'autres cris que les chants des coqs dans les cours. Ici... Ici, on ne pouvait même pas dire, tant la vie était douce et bonne, plus douce qu'un plumage d'oiseau.

Il y avait la maison tutélaire, ses longues pentes de tuiles sous les pattes, ses nids abandonnés et ses oiseaux vivants. Il y avait Clémence dans la maison, ses savates qui du haut en bas promenaient le train des besognes domestiques. Il y avait Kiki endormi dans la niche peinte. Et tout autour, à l'infini... Oh ! vieux sureau à l'écorce rugueuse, penché de toutes tes branches au bord de la terrasse, talus au terreau noir où murmure le suintis des sources, pelouses rases et soyeuses où fleurissent les asters violets ! Dans les branches du sureau les baies noires brillent par myriades, et les rouges-queues aux ailes vibrantes les cueillent à la pointe de leur bec. Les oiseaux mêmes semblent retenir leur vol. Ils se taisent, comme pour ne point troubler le recueillement bienheureux de l'espace. Seule, à de longs intervalles, dans les marsaules du talus, la fauvette babillarde jette deux ou trois notes soudaines, irrésistibles, gouttes de joie limpide qui tintent au cœur de la journée.

« Dehors ! Kiki, le soir approche. A présent, j'ai envie de jouer. Sur la pelouse ? Dans le verger ? Allons dans le verger : je voudrais te montrer d'abord, sous la bordure de groseilliers, la bête aveugle et vêtue de velours qui chemine en creusant sous la terre. Je l'ai surprise au sortir de son trou. Elle a de chaque côté du cou des pattes roses pareilles à des pelles.

— Je sais, dit Kiki, c'est la taupe.

— Tu ne sais rien, tu es un imbécile.

— Hé ! vous voilà, petits ? » dit Clémence.

Rroû s'arrête, se frotte contre son tablier.

« Ce soir, Clémence, je veux bien dormir dans ta chambre, avec toi, mais tu laisseras la porte ouverte. Si tu la fermes, je miaulerai à minuit, autant qu'il le faudra pour que tu me laisses sortir. N'aie pas peur, il ne m'arrivera rien : j'irai seulement sur la terrasse pour regarder la lune dans le puits.

« Ou sur le toit pour écouter la chouette. Ou peut-être, par le halage, du côté du bois de Saint-Viâtre. Tout à l'heure j'ai entendu la caille qui rappelait au bord des cépées, j'ai vu voler de loin un oiseau vert et rouge. Chaque nuit un peu plus loin, j'irai jusqu'au profond du bois.

« Une nuit, cent nuits l'une après l'autre. Et quelquefois aussi le jour. Mais du haut de la motte, ou tout là-bas, du flanc lointain de la colline, je verrai le sureau penché au bord de la terrasse, le pignon familier qu'empourpre la vigne vierge d'automne. Je te verrai, Kiki, gros comme une puce, faire le dos rond contre le sabot d'Irénée. Et chaque matin je reviendrai, Clémence. Et chaque soir, camarade, je t'appellerai pour jouer sur la pelouse. Me voici, me voici encore ! J'étais plus loin qu'hier, mais je n'étais point parti. Ma Charmeraie était seulement plus grande, un peu plus grande qu'hier, mais toujours là, dans mes yeux, dans mon cœur. Ici seulement l'air a ce goût d'herbe et de fleur, cette légèreté qui me fait mieux vivant. Où vivre ailleurs si ma vie est ici ? Je ne veux plus jamais partir. »

XIV

LA FORCE

C'EST le maître qui a tout fait. Depuis bien des semaines, Rroû l'avait totalement oublié. Il était là sans doute, mais moins réel que s'il fût mort. A peine, quand d'aventure Rroû passait sous la fenêtre de son bureau, l'âcreté de sa pipe éveillait-elle un très vague souvenir. Sa voix avait encore moins d'importance quand il chantait en se raclant la gorge, d'ailleurs plus faux que l'âne d'Irénée ; et moins encore, s'il est possible, sa présence sur la terrasse, dans le rond d'ombre bleue que faisait le sureau sur le sable.

Presque chaque jour, à la fin de l'après-midi, il était là dans un fauteuil de toile, immobile comme une souche, les yeux ternes, en vérité inexistant. Il en était de même des autres hommes à la bouche enfumée, des femmes futiles qui souvent l'entouraient. Ils avaient beau caqueter et rire, boire en suçant des pailles bien taillées, croiser leurs jambes, se trémousser sur leur fauteuil comme sur un paquet d'orties, toute leur agitation ne parvenait pas à troubler la sérénité de l'heure. Rroû ne tenait d'eux nul compte, glissait entre leurs sièges si son chemin passait par là, ne s'arrêtait jamais, ne regardant personne, sourd à leurs appels ridicules.

La vie, en marge de ces ombres, suivait son

décours enchanté. Comment aurait-on deviné, pressenti cet abus de pouvoir ? Il se peut que Clémence ait pris Rroû dans ses bras, l'ait enfermé dans l'auto avec elle. Mais c'est le maître qui a tout fait. Maintenant, trop tard, Rroû se souvient. Il reconnaît cette puissance mystérieuse, cette force endormie dont les réveils imprévisibles frappent comme les coups du tonnerre. Il comprend qu'elle appartient au maître, qu'il en dispose perpétuellement, même s'il la cache ou la laisse dormir. Mais pourquoi aujourd'hui la force a-t-elle frappé ? Le maître a-t-il voulu se venger du chat noir, de son dédain, de son bonheur peut-être ?

Maintenant l'automobile emporte Rroû loin de la Charmeraie. La force habite en elle, trépide dans sa membrure ; et le maître, appuyé au volant, gouverne la force à son gré.

Rroû, couché près de Clémence à l'arrière de la voiture, regarde la nuque un peu rouge, les mains charnues qui ne frémissent pas. L'apparence débonnaire du maître ne peut plus lui donner le change : la force l'environne, elle brille sur lui comme un nuage orageux. Mais peut-être que le maître aussi, dans l'instant où ses mains semblent la gouverner, obéit à la force et se soumet à elle, exactement comme Rroû et Clémence.

Tous trois demeurent silencieux. L'auto bourdonne et dévore la route. Les glaces des portières sont levées. Malgré le clair soleil, malgré le frémissement doré des feuillages, la tristesse appuie sur les cœurs. Clémence elle-même se tait, par intervalles regardant Rroû, et détournant ses yeux dès que les yeux du chat les rencontrent : on pourrait croire qu'elle a honte, qu'elle n'ose même plus, comme à l'autre voyage, expliquer à Rroû ce départ et lui demander pardon.

Ce qu'elle dirait, Rroû ne l'écouterait pas. Et que pourrait-elle dire, la faible, la malheureuse Clémence ? Cette fois, elle n'a pas eu recours à l'ignominieux panier noir ; elle a seulement levé les glaces.

Rroû est couché près d'elle, immobile, fixant très loin ses yeux pleins de regret.

Clémence, comme distraitement, promène sa main sur son corps étendu. Il ne bouge pas, ne grogne pas d'impatience. Il demeure prostré au fond de la banquette, à la place même où elle l'a mis. Et elle se dit, elle veut se dire que Rroû n'est plus le chaton turbulent, le diable du dernier printemps, qu'il a grandi et qu'il comprend les choses, qu'il est un grand chat raisonnable. Mais que seulement, une fois encore, elle regarde ses prunelles glauques, Clémence ne sait plus que penser et elle renonce à se rien dire.

L'auto bourdonne toujours, traverse un bois, un autre bois. Dans les vignes aux feuilles rouges, les vendangeurs se lèvent et font des signes.

« Voilà le clocher ! » dit le maître.

Le temps est bleu, adouci d'une brume vaporeuse qui frôle et caresse l'horizon. Parfois, à un tournant de route, le fleuve s'allonge dans son ample vallée, sous cette brume blonde qui se mêle à ses eaux. Là-bas les arbres sont couleur du temps, la terre et les maisons paraissent transparentes ; elles flottent très loin, comme dans un rêve mélancolique et doux dont on ne pourra plus guérir.

Hélas ! non, Rroû n'est plus la petite bête nerveuse et frémissante, le diable du dernier printemps ! Furieux alors, ulcéré de rancune, il poussait pourtant de son crâne le couvercle du panier noir. Il tournait le dos à Clémence, à Gertrude, mais regardait avidement à la vitre, et respirait jusqu'à en suffoquer le vent grisant de son premier voyage. Quels tumultueux désirs et déjà quelles promesses ! Le bonheur qu'il appelait sans le connaître encore volait vers lui dans le grand murmure des feuillages. La Charmeraie, là-bas, était couleur du temps ; le vent soufflait, venu du vieux sureau, il avait ce goût d'herbe et de fleur dont on allait s'enivrer tout l'été.

Rroû a grandi, Rroû n'a plus de colère quand

souffle le rude vent du destin. Il demeure immobile, à la place où Clémence l'a couché. Il fixe très loin ses yeux tristes, bien plus loin que les vignes où chantent les vendangeurs, plus loin que le clocher du bourg qui pointe au bord de la vallée, et puis les ferme, et ne les rouvre plus.

TROISIEME PARTIE

I

L'ARBRE SANS FEUILLES

Contents lorsqu'ils s'en vont, contents lorsqu'ils reviennent : tels sont les hommes dans leur inconséquence. Le maître, en sautant de voiture, fredonnait faux et se frottait les mains. Clémence souriait à sa cuisinière « si commode ». Et les portes, et les persiennes, et les placards longtemps fermés battaient, claquaient, faisaient trembler toute la maison.

Rroû s'était étendu près de la marche de la cave. C'était le seul endroit où le soleil chauffait encore un peu. L'ombre, entre les hauts murs, croupissait comme au fond d'une crypte. Elle était froide, inerte, morte dans toute son épaisseur.

Etait-ce un autre rêve, un cauchemar dolent qui finirait un jour ? Rroû savait qu'il ne rêvait pas, qu'il s'était abîmé, vivant, dans le pays de l'ombre froide. Ceux qui passaient étaient ombres eux-mêmes. Il les avait connus sans doute, il y avait de cela très longtemps. Mais à présent qu'ils passaient près de lui, les souvenirs qu'ils traînaient après eux demeuraient sans chaleur et sans vie. Leurs voix ne vibraient point, elles s'étouffaient dans l'air transi. Le toucher de leurs mains n'émouvait plus la peau sous la fourrure. Et leurs yeux sans éclat n'avaient point de regard.

Cette vieille femme, oui, c'était Gertrude avec son

nez plein de tabac. Et cette autre Céline, qui attachait son fox au barreau de la grille. Qu'étaient leurs gestes vains, leurs rires au visage de Clémence ? Clémence riait aussi devant elles. Elle seule gardait sur son visage une petite lumière vacillante, mais qui peut-être allait aussi s'éteindre.

Les ombres défilaient toujours, s'arrêtaient parfois au passage. « Oh ! comme il a grandi ! Comme il est beau, le cher mignon ! Dis bonjour à Gertrude, à Céline... » Il levait sur les deux vieilles filles son regard vert, énigmatique, se laissait toucher par leurs mains, inerte comme une bête mourante. Elles s'étonnaient, un peu choquées de sa froideur :

« Eh bien, tu as perdu ta langue ? »

Pas un miaulement, pas un ronron d'accueil ; rien que cette morne indifférence qui le faisait, pareil à une loque amolie, rouler sous leurs paumes insistantes. Et les hommes du magasin pénétraient un à un dans la cour. « Ils avaient vu les fenêtres ouvertes, ils venaient dire bonjour à Clémence. » Eux aussi s'arrêtaient près de Rroû, le caressaient et lui parlaient. Un frisson d'impatience commençait à courir sous son poil, un agacement dédaigneux mais qui restait très loin de la colère.

« Et Madeleine ? » demandait Clémence.

Elle arrivait, elle était là, avec ses joues grêlées de taches de son, sa tignasse rouge ébouriffée.

« Bonjour, Madeleine ! Et comment va Frère blanc ?

— Ah là là ! s'esclaffait Madeleine. Frère blanc ? Voyez-le qui s'amène. »

Frère blanc « s'amenait », en effet, avec une onctueuse majesté. Gras, florissant, le poil lustré, il écartait les pattes en trottinant. Son ventre se balançait entre elles dans sa glorieuse rotondité : on voyait que Frère blanc songeait à son ventre en marchant, qu'il le portait avec révérence.

Il rampa aux pieds des vieilles filles, ronronna, frotta sa panse à leurs jambes sèches. Sa queue battait comme un balancier de pendule. Et Céline souriait, fière de cette luxuriance, de ces ronrons, de ces battements de queue bien rythmés.

« C'est le chat du quartier, disait-elle. Tous les jours il fait sa tournée, bien gentil, bien convenable, et si drôle... Dites, Madeleine, faites voir à Clémence. »

Et Madeleine, penchée sur Frère blanc, commanda de sa voix aigrelette :

« Assis ! »

Frère blanc se mit sur son derrière.

« Donne la patte ! »

Frère blanc donna la patte comme un chien.

« Et maintenant, dit Madeleine, la grande chanson. »

Frère blanc ouvrit la gueule et se mit à miauler sans fin, ignoblement, comme s'il vomissait. Il miaulait, hoquetait, glapissait de toute sa gorge, avec des spasmes, en agitant sa queue. Et toutes les femmes riaient aux larmes, et Madeleine s'empourprait d'orgueil.

Alors, vers la marche de la cave, on entendit un grondement rauque et bref. Rroû se dressait, les flancs tremblants, sautait d'un bond devant Frère blanc. Ce fut un cri dans le clan des vieilles filles :

« Rroû ! Rroû ! Eh bien, par exemple ! »

Mais déjà le chat noir s'apaisait. Ses pattes agriffées au sol détendaient leurs muscles raidis, son poil ne se hérissait plus. Il regarda Frère blanc dans les yeux, tourna le dos, s'en alla vers le marronnier.

« Il est jaloux, murmuraient les vieilles filles. Nous l'avons blessé dans son cœur. »

Et de parler pêle-mêle, de conter à l'envi des histoires de bêtes jalouses : tel Coquet, le fox de Céline, qui ne supportait pas les enfants ; tel Misti, l'angora de Gertrude, qui boudait pour une caresse volée ; « comme votre chat, Clémence, juste comme Rroû en ce moment ».

Rroû, arrêté au pied de l'arbre, regardait sur l'écorce les traces de ses griffes de jeune chat. Il s'étonnait de ces égratignures légères, et songeait au sureau perdu, à son vieux cuir rugueux où ses ongles crissaient comme des lames. Il courba l'avant-train, tendit ses pattes, et laboura le tronc du marronnier de sillons creux où la sève saignait. Et soudain il sauta, disparut dans la ramure.

Il s'était allongé à la fourche de deux maîtresses branches. Sa tristesse était revenue, tranquille et lourde, plus puissante que toute colère. Jaloux ? Et jaloux de Frère blanc ? Il sentait encore dans sa gorge l'écœurante âcreté du mépris qui l'avait suffoqué. Autour de lui, les branches du marronnier tordaient leur maigreur dépouillée. L'arbre était noir et nu ; ses dernières feuilles en tombaient une à une, avec un bruit léger qui ressemblait à un soupir de mort. Elles ne s'envolaient pas ; elles se détachaient très doucement, et puis glissaient de branche en branche et tombaient sur la terre où elles ne bougeaient plus. Depuis longtemps le dernier rayon du soleil avait quitté la cime de l'arbre. Les hauts murs, de la base au faîte, suintaient une humidité triste. Comme tout était petit entre ces grands murs accablants !

Rroû regardait la maison sans âme, un cube de pierre aux arêtes dures, percé d'ouvertures symétriques. Plus près, touchant l'arbre sans feuilles, le cèdre emprisonnait sous sa ramure bleuâtre de grandes zones d'ombre où régnait un silence lugubre.

Il se retourna sur la branche, chercha des yeux, là-haut, le chemin des tuiles faîtières : cela aussi était tout près, étrangement diminué, dérisoire. Quelques fusains étiques dépassaient la crête du mur. Du vieux poirier, recroquevillé dans l'angle de la cour, à la corniche de la buanderie, il n'y avait pas vingt bonds. Un chat parut sur la corniche, gagna les tuiles d'un petit saut prudent. C'était un matou jaune et blanc, celui-là même, peut-être, dont Rroû avait eu si grand-peur la première fois qu'il avait suivi le chemin. Il évoqua Raies jaunes debout sur la crête du mur, et le chat qui passait ne fut plus qu'une bête maigre et falote, une ombre aussitôt disparue.

La nuit venait, Clémence l'appelait dans la cour. Il la vit s'approcher de l'arbre, lever la tête vers la fourche des branches. Ce n'était pas très haut, elle l'atteignait de ses deux bras tendus. Quand ses mains le touchèrent il ne se recula point : il se laissa glisser entre elles, tomba comme une chose inerte au creux du giron de Clémence. Elle l'emporta ainsi vers la maison.

II

LE SOUVENIR

« CELA passera, disait le maître. Mais laissez-lui le temps, Clémence, de reprendre ses habitudes. Il a été élevé ici, n'est-ce pas ? Et il y a été heureux, tout autant qu'à la Charmeraie. »

Alors, Clémence hochait la tête :

« Ah ! Monsieur, ça n'est pas la même chose. Quand il était heureux ici, il ne connaissait pas là-bas. »

Le maître s'étonnait du gros souci que laissait voir Clémence. Il l'aimait bien ; il faisait son possible pour apaiser une inquiétude que peut-être, au fond de lui-même, il éprouvait contre toute raison.

Les jours suivaient les jours, le mal de Rroû ne passait point. C'était un mal étrange, une langueur qui faisait plus lents ses mouvements, qui éteignait le feu de ses prunelles. Quand Clémence regardait ses yeux, elle voyait bien que leur dormante torpeur ne venait pas d'une chair blessée. Son poil ne s'était point terni, son nez posait contre la peau une fraîcheur moite qui était celle de la santé. Et pourtant Rroû n'était plus le même : cette douceur passive, cette mollesse sous la main de Clémence, elles étaient plus pénibles que le frisson chaud de la fièvre. Contre les maux du corps on applique des recettes d'anciens ; ou même, oui, même pour un chat, lorsque ce chat est Rroû et qu'on tient tant à lui, on appelle le vétérinaire. Mais contre la tristesse du cœur, qui appeler ?

Et le maître disait encore :

« Demain, Fulbert installe le poêle. Vous m'écoutez, Clémence ? Je connais un gaillard qui va trouver la maison bonne.

— Dieu vous entende ! » soupirait Clémence.

Le poêle ronflait dans le vestibule, emplissait la maison d'une bonne chaleur égale qui faisait dire quand on entrait : « Comme il fait bon ! Comme on est bien ! » Mais Rroû ne venait plus dormir près du poêle. Le molleton rouge étalé sur les dalles parlait aux yeux d'absence et d'abandon ; et même sa couleur gaie faisait plus saisissante la tristesse qui persiste dans l'air, aux places familières qu'un vivant a quittées pour toujours.

Et pourtant, quelquefois, Rroû revenait dans la maison. Il y passait sans bruit, faisait le tour du vestibule, montait deux marches de l'escalier, redescendait et s'en allait. Il avait passé sans rien voir, les yeux absents et l'allure lente. A la pomme de la rampe, une patte de lapin pendait au bout d'une ficelle. Le maître la secouait en vain : Rroû passait, Rroû s'en allait.

Il avait désappris l'allégresse de la poursuite, la joie ailée du bond, du rapt ; et pareillement la douceur du repos, du tiède sommeil où le corps se détend. Il ne s'arrêtait plus jamais, errant de la maison à l'enclos étriqué du jardin, suivant le faîte des murs ou descendant sans hâte par les branches du vieux poirier.

Et toujours cette douceur dolente qui semblait avoir tué en lui toute sauvagerie, toute fierté. Il acceptait qu'on le touchât, que Gertrude ou Céline le prissent entre leurs bras sans grâce. Jamais un sursaut de défense, un réflexe ombrageux qui vînt punir leur excessive audace. Il n'avait plus de griffes, ne grondait plus du fond de la gorge, et cheminait sans fin, sans but, semblant de ses yeux grands ouverts fixer les choses sans les voir.

Ses yeux, bien plus loin que les murs, regardaient des images invisibles à tout autre qu'à lui, mille images fulgurantes qui pétillaient comme des sarments, un rouge et chaud brasier qui l'attirait en reculant toujours. Et quelquefois il haletait, comme brûlé par un rayonnement trop brutal, ou fermait des yeux éblouis que blessait l'ardeur des images.

Et les jours continuaient de passer dans les brouillards et les premiers frimas. Le rouge-gorge s'éloignait du mur, sautelait au seuil de la cuisine, sans crainte du chat noir et dolent dont les yeux regardaient ailleurs.

« Rroû mon joli, Rroû mon pauvre bonhomme... Entre un peu, viens voir ta vieille. »

Elle le prenait sur ses genoux, le regardait, prostré sur son tablier de servante.

« Montre-moi tes yeux aujourd'hui. »

Ils n'avaient point changé, toujours absents, pleins de visions lointaines qui ne troublaient point leur eau verte, aujourd'hui comme hier endormie. Mais Clémence devinait le frémissement des images profondes. Et elle disait au maître, avec une force brusque dont elle était la première surprise, qui trahissait peut-être une sorte de révolte obscure :

« Il se languit, je vous le dis et redirai, il se languit de la Charmeraie. Les bêtes ont leur souvenir, Monsieur, plus fort souvent que bien des hommes. Et peut-être que Rroû mourra de souvenir. Ou peut-être qu'il s'en ira. »

Elle soupirait, désemparée. Sa révolte tombait avant qu'elle en eût pris conscience. Elle murmurait maintenant :

« Ça fait pitié. »

Le maître, alors, regardait le chat noir étendu. Les pattes lâches, la tête à demi renversée, il avait une grâce douloureuse, une beauté qui serrait le cœur. Ses lignes longues amollissaient leurs courbes, semblaient, admirables encore, sur le point de glisser vers un déliement consenti. On sentait au creux de sa gorge, au long de ses flancs minces que soulevait un souffle très lent, la détresse d'une vie sans confiance, d'une petite âme qui souffrait. Et Clémence, elle aussi, abandonnait ses mains sur ses genoux, et répétait : « Ça fait pitié. »

III

L'APPEL

Les lèvres disent : « Peut-être qu'il mourra. » Mais ce sont là paroles des lèvres auxquelles le cœur refuse de croire. L'espoir revient, parce que Rroû a bien mangé sa soupe, parce qu'il a dormi un peu dans la caisse aux vrillons, mais surtout parce que Clémence n'a jamais cessé de sentir, à travers la détresse du chat noir, la vertu d'une jeunesse ardente, qui persistait quand même et voulait triompher du mal.

Mais quand les lèvres disent : « Peut-être qu'il s'en ira », le cœur s'émeut de crainte et connaît le tourment d'une vérité méchante. Que Rroû s'en aille, Clémence le perd comme s'il mourait. Elle ne veut pas, se cabre, et mesure ses forces à l'instant d'une lutte difficile.

Car ici, grâce à Dieu, elle compte. Sa prudence compte, sa vigilance toujours tendue, son ingéniosité constamment en éveil, et sa tendre patience au long des heures qu'elle se jure de gagner, toutes les heures qu'il faudra pour que le temps lui vienne en aide. Clémence se voue au temps exorable, souverain maître des peines qui affligent les hommes et les bêtes.

Par la soupe onctueusement persuasive, par le lit de vrillons modelé à la forme du corps, par la chaleur douce et l'abri, elle tissera, prudente, un rets de fragiles habitudes, d'humbles besoins qui d'abord se cacheront. Et le grand froid d'hiver bientôt, et l'enclos sans provende ramèneront Rroû vers la maison, sous ses yeux toujours attentifs, sous ses mains qui retiennent et qui sûrement sauront reprendre.

Chaque soir, à l'instant du sommeil, ses mains soulèvent la caisse où gît le corps sombre du chat. Elle redoute la longue nuit, elle n'est tranquille que si Rroû est près d'elle, dans sa mansarde sous le toit. Plus tard, beaucoup plus tard, quand il aura presque oublié...

« Allons, viens ; on va se coucher. »

Elle a éteint la lampe électrique. Elle dort, toutes ses tâches accomplies, d'un sommeil calme et rassuré : « Rroû est avec moi, dans ma chambre. » On n'entend dans la chambre que le souffle égal de Clémence. Mais dehors le vent gémit et gronde, il pousse autour de la maison ses houles puissantes et tourmentées.

Rroû s'est soulevé au bord de la caisse. La tête tendue vers la lucarne sans rideaux, il regarde en plein ciel la fuite des nuages sur la lune ; et ses yeux luisent comme ils luisaient là-bas, dans les branches du sureau ou sous les broussailles du talus. Il écoute la rumeur énorme, le frémissement immense dont se soulève la nuit d'automne ; et ses oreilles pointent ou se couchent, tandis que sa gorge se gonfle sur un cri roucoulant qui monte, qui va jaillir comme autrefois.

Il le retient, toute sa ruse en éveil. Des ondes brèves courent sur son pelage. D'un bond coulé, merveilleux de souplesse précise, il saute hors de la caisse sans froisser l'épaisseur des vrillons. Et le voici qui tourne dans la chambre, les pattes muettes, la tête toujours tendue vers la lucarne bleuie de lune.

Juste dans l'embrasure, une chaise dresse sa raide silhouette. Il saute de nouveau, une fois, une autre fois ; et perché sur l'arête du dossier, se balançant doucement pour maintenir son équilibre, de la patte il tâte le vantail.

Clémence, même l'hiver, entrouvre la nuit sa fenêtre : cette chaise est là pour l'empêcher de battre. Rroû reçoit sur sa face l'âpre caresse du vent nocturne. Il continue de se balancer très doucement, de tâtonner le long du vantail. Et son col peu à peu s'allonge, sa tête s'insinue dans l'entrebâillement exigu. Il la tourne, il la pousse comme un coin, sachant qu'il a le temps et qu'il finira par passer : le vantail cède à chaque pesée ; imperceptiblement, il cède.

Et Rroû, bientôt, aide sa tête de la patte, appuie, gauchit, toujours maintenant son corps sur la lamelle de bois, maître de tous ses muscles, enivré déjà de sentir, avec la rudesse du vent, sa vigueur soudain retrouvée.

Maintenant la fente est assez large : il peut sauter, par le dormant, dans la gouttière. Et c'est une fois de plus le bond muet et glissant, l'élan qui mesure sa hardiesse au seuil de la grande aventure. Le vent souffle par les collines du ciel. De longs nuages sombres, déchirés de blancheurs crues, claquent sous les lanières du vent. Toute la nuit flagellée gémit d'une terrible joie. Et Rroû d'abord chancelle un peu, tant cette voix de la nuit a de force, tant sa rumeur le heurte avec une tragique violence.

Il est debout dans la gouttière, au bord du toit. Le vent ronfle sur les ardoises et fait craquer des branches invisibles. Tout en bas, vers la terre lointaine, il entend le cliquetis des feuilles sèches qui tourbillonnent. Il respire, le poil rebroussé ; il ouvre ses narines aux odeurs que charrie le vent, odeur du nuage pluvieux, des âtres qui s'éteignent, de la terre moite et des feuilles pourrissantes. Mais il en est une autre, plus aérienne et plus subtile, qui passe par instants au flanc des grandes vagues de l'air : et Rroû s'avance par la gouttière, comme aspiré dans leurs remous, flairant sur leur sillage un fumet de bêtes et d'oiseaux, d'ailes voyageuses qui battent au lointain de la nuit.

Le vent souffle du nord. Il bute sur la maison comme sur un tranchant musoir, se sépare en sifflant et referme son flot à la corne opposée du toit. Rroû s'est arrêté là, debout à l'angle extrême comme à la pointe d'une étrave. Autour de lui d'autres toits s'éclairent par moments, bleuissent sous un orage de lune. La nuit est toujours aussi sombre, et toujours déchirée de longues blessures de clarté. La houle des nuages y précipite sans trêve un chaos écumeux qui gronde. Elle passe, elle emplit tout le ciel de sa fuite désordonnée, elle semble tout à coup arracher la maison, l'entraîner avec elle vers l'immense vallée où son torrent s'engouffre et poursuit son voyage éternel.

Les yeux de Rroû ne voient pas la vallée. Mais tout son corps la pressent devant lui, qui l'attire puissamment avec les nuages et le vent. Très haut, très loin derrière lui, des cris légers palpitent au cœur de l'ouragan. A peine si son ouïe les distingue, pareils d'abord à la plainte d'une girouette perdue. Mais il n'a point de doute, ce sont des cris vivants qui se multiplient dans le ciel.

Ils approchent, tout droit, d'un essor tendu comme une flèche. Ils se rallient, s'encouragent l'un l'autre, et vibrent tous ensemble d'une allégresse pleine de désir. C'est un appel qu'ils jettent dans l'étendue, un appel qu'ils redisent à travers la grande voix du vent. Ils passent, plus haut encore, ils s'égrènent par les trous des nuages, et Rroû tressaille à leur toucher soudain. Penché au bord de la gouttière, il se tend vers les cris qui s'éloignent, qui s'enfoncent à tire-d'aile aux profondeurs de la vallée.

Mais déjà d'autres cris palpitent aux confins de la nuit, approchent depuis le nord en s'inclinant vers la maison. Rroû dresse éperdument le col, darde ses yeux aux pupilles élargies. Sa tête levée dessine dans le ciel l'essor des oiseaux voyageurs. Ce sont des grues cendrées. Il peut les voir à la frange d'un nuage, où leur vol en triangle enfonce sa pointe et disparaît. Mais bientôt elles émergent, juste au-dessus de la maison. Leurs cris rauques et doux semblent les précéder : elles passent, les pattes pendantes, dans un claquant frémissement d'ailes.

Rroû a miaulé longuement sur l'étrave du toit. Son cri sans âge, dans la nuit tourmentée, a répondu à l'appel des oiseaux. Une seconde sa forme a surgi, comme suspendue à la lisière du ciel, inclinée vers le sol impétueux des nuées. Et soudain elle a disparu, elle a plongé dans le torrent sans rives où claquent les ailes des migrateurs.

IV

« JE SUIS RROU »

IL ne sait plus comment il est tombé, s'il a sauté d'un bond irraisonné, s'il s'est accroché au chéneau, s'il s'est retenu dans sa chute aux saillies des pierres de taille. Il est tombé rudement sur le sol, des quatre pattes et du ventre. Mais il s'est aussitôt relevé, et l'orgueil de son évasion est monté en lui comme une flamme.

Il a grimpé par le poirier, suivi les tuiles à la crête du mur, enfin sauté dans les jardins sauvages. Son étourdissement d'un instant n'était même plus un souvenir. Il reconnaissait toute la nuit, le vent farouche, la fuite des nuages sur la lune. Il allait, ayant pris dès l'abord un trot glissant, aux allonges basses et régulières.

Il rencontra une sente qui sinuait parmi les jardins, flaira le vent et la suivit. Elle descendait, prolongeait devant lui une pente facile et douce, où il n'avait qu'à se laisser courir. Il trottait dans la lisière sombre, au bord de grandes herbes mouillées qui se rebroussaient sous le vent.

A gauche un boqueteau surgit, noir et touffu. Rroû se souvint des chants limpides et chauds que les rossignols du printemps modulaient dans la nuit bleue. Il sortit du couvert, toujours entraîné par la pente. Un gazon ras soutenait ses foulées, où la piste se perdait parfois. Mais le souffle du vent, le branle des nuages galopant par le ciel l'emportaient dans leur ample décours.

De loin en loin, sans cesser de trotter, il levait la tête vers les nuages. Il les voyait voler là-haut, précipiter leur élan magnifique. De grands platanes défeuillés les déchiraient de leurs branches au passage, et leurs cimes balancées s'inclinaient toutes dans le même sens, vers les régions du ciel où les nuages fous s'en allaient.

Et soudain il n'y eut plus d'arbres, plus de craquements de branches, d'herbes sifflantes sous le vent ; mais un espace sans limites, un océan d'ombre plus pâle où coulaient par endroits de calmes remous de clarté ; mais une large rumeur, une sorte de chant formidable qui, venu de la nuit et retournant à elle, soulevait tout ensemble et comblait la mouvante étendue.

Rroû trottait sur la berge du fleuve, sûr de sa route et de sa force. La nuit l'enveloppait de sa rude amitié. Il sentait sur son flanc sa poussée continue, et s'y confiait avec les nuages et le fleuve. Par intervalles encore, des passages d'oiseaux palpitaient au plus haut de l'air. Mais, si lointains qu'ils fussent, ils apportaient sur leurs ailes innombrables une vivante et fraternelle chaleur. C'était dans la rumeur profonde comme un long bruit de soie, une écharpe de bruit qui passait, et qui du haut du ciel laissait traîner jusqu'à la terre une caresse d'ailes fugitives.

Et le fleuve et les nuages continuaient de glisser vastement. La fièvre de la nuit s'apaisait dans la libre vallée. La tempête s'y jetait avec une violence sauvage. Mais à peine l'avait-elle atteinte que ses vagues affolées retombaient, et elle coulait avec le fleuve, et ses plaintes déchirantes devenaient un grondement tranquille, un énorme soupir où chantait la joie de la nuit.

Le chat courait toujours, par des landes de sable où le genêt se mêlait à l'osier. Il évitait les souches rugueuses, et les trous des terriers qui par centaines foraient la lande. Parfois un lapin détalait et la terre creuse sonnait sous son galop. Rroû détournait à peine la tête. Il allait, ne sentant nulle fatigue, les pattes légères, le souffle égal.

Après les landes vinrent des prairies, des bouquets d'acacias, des vignes. Des vallons frais, parfois, creusaient doucement la berge. Un ruisseau murmurait au fond, qui se perdait dans les grandes eaux du fleuve et suivait la route avec elles. Rroû, d'un bond, franchissait le ruisseau. Et bien plus loin seulement il revoyait, aux pentes du vallon dépassé, un vieux noyer qui touchait de ses branches le toit de tuiles d'une masure endormie.

Le vent soufflait avec moins de rudesse. Entre les nuées aux franges nacrées, des zones de ciel libre élargissaient des plages d'un bleu profond où des étoiles scintillaient. Le fleuve sans brume se révélait à leurs reflets, de minces taches oblongues qui tremblaient au fil de l'eau. L'air, devenu plus froid, fouettait le sang de sa vivacité, ranimait dans les muscles une inépuisable vigueur.

Et les arbres, les vignes, glissaient toujours aux lisières de la nuit, de minces peupliers qui frémissaient de toutes leurs feuilles, des pins dont la noire épaisseur exhalait un murmure unanime, une mélodie grave et berceuse qu'on entendait longtemps encore après les avoir dépassés.

Le chat trottait, sans rien sentir que l'ivresse de sa course. Elle était si puissante qu'elle avait chassé hors de lui toute pensée, toute sensation autre. L'attente au bord du toit, le tourment des nuages qu'emportait la tempête, l'appel des grues qui passaient dans le ciel, la chute irrésistible et folle, il les avait déjà oubliés. Pas une fois, depuis son évasion, il n'avait évoqué la maison triste, la mansarde où dormait Clémence ; et non plus la maison de l'été, sa basserelle inclinée jusqu'à terre, ni le sureau, ni le talus, ni les mille joies perdues qui l'avaient si longtemps tourmenté. Sa course seule était toutes les joies. Elle avait la saveur d'une évasion sans but, la clarté d'un espoir plus lumineux que toute conquête. Il courait, libre, dans la nuit froide et pure, dans l'étendue illimitée du monde.

La sente s'élargit, devint un chemin bien battu, puis une route en corniche accrochée au flanc du coteau. A gauche c'était toujours le fleuve, à droite les maisons d'un village. Un puits banal écartelait sa roue dans l'encoignure de deux pignons. Sur les placis devant les portes, des tas de moût croulaient sous une buée qui sentait l'eau de feu.

Le chat trotta un peu plus vite : il savait qu'il allait plus loin, d'obscures réminiscences lui faisaient reconnaître ce village jamais traversé. Appuyé contre l'église, le presbytère dormait sous les glycines. Un froissement d'engrenages s'éveilla au cœur du clocher, que suivit un déclenchement sourd ; et l'horloge, deux fois, sonna clair sur la vallée.

Rroû filait le long des maisons. D'autres chats par instants traversaient le noir des venelles. Il les voyait à peine, et ces chats n'allaient point à lui. Toutes les fenêtres étaient closes. Une seule, derrière ses volets joints, laissa vaciller dans la nuit la petite flamme d'une naissance ou d'une mort.

Et Rroû, longtemps après, par-delà le village, pénétra dans un bois profond. Il s'enfonça dans la foule des arbres, parmi les ronces et les viornes sauvages. Il sentit sur sa peau la bonne rudesse de l'épine, sous la plante de ses pattes le velours mouillé des mousses. Partout autour de lui des chênes de taillis, gardant sur eux toutes leurs feuilles sèches, chuchotaient sous le vent apaisé. Par un clair des hautes branches une lueur diffuse tombait du ciel, et faisait au creux des broussailles briller la tache claire d'une fontaine.

Alors, enfin, Rroû s'arrêta. Il était là, où son brusque désir avait interrompu sa course. Très loin du jardin clos de murs, loin peut-être de la Charmeraie, il était là, quelque part dans un bois solitaire, au bord de la fontaine où il buvait parce qu'il avait soif.

L'eau glacée, en touchant sa langue, en glissant le long de sa gorge, parcourait tout son être d'un frisson délicieux. Il s'assit sur la berge, brusquement sauta vers un chêne, griffa l'écorce et bondit dans les branches. Un autre saut le jeta sur le sol, dans l'épaisseur des feuilles tombées. Et il s'y allongea, il s'y coula de tout son corps, roulant des flancs, poussant des pattes, ouvrant à pleine poitrine un bruissant sillage.

Une sorte de folie l'avait pris, un délire de bonheur et d'orgueil. Toutes les attaches étaient rompues. Seul et libre dans le bois sauvage, il se roulait dans les feuilles à plein ventre ; et son cri fauve — arroû ! — chantait au bord de la fontaine.

V

LE BOIS

Il avait dormi dans les feuilles, d'un reposant sommeil où son bonheur avait continué de briller. La pointe du jour traversa ses paupières, une lumière de sang rose qui doucement l'éveilla. L'aube montait entre les ramures, rose aussi dans un ciel d'ambre pâle.

Le vent nocturne avait emporté tous les nuages. C'était un de ces clairs matins qui parfois, au seuil de l'hiver, succèdent à la colère des bourrasques, matins transparents et sonores où les formes des choses se détachent toutes jusqu'à l'horizon bleu, où les moindres bruits de l'espace résonnent depuis l'extrême lointain.

Dans le bois, la rosée de la nuit perlait lentement à la pointe des branches. Chaque ramille portait une goutte brillante qui tremblait dans le prime soleil, se détachait soudain et tombait sur la jonchée des feuilles. Cela faisait courir par le taillis un murmure vif et continu, animait tout le bois d'une alacrité respirante.

Rroû bâilla, découvrant jusqu'à fond de gorge sa denture blanche et robuste, son palais à la pulpe rose, d'une fraîcheur de coquillage mouillé. Et quand il eut bâillé, sa mâchoire refermée claqua, et il sentit la force de sa faim.

Ce n'était rien pourtant qu'un désir sans souffrance, une sensation de vide qui, du ventre, irradiait par les fibres des muscles, gagnant les membres et la tête. Rroû connaissait cet impatient besoin dont la violence ajoutait au plaisir : il avait faim, il mangerait bientôt, il éprouverait dans toute sa chair la volupté de s'assouvir.

Il se leva, surpris de l'étrange légèreté de son corps. Il lui semblait ne point toucher le sol, ses pas froissaient les feuilles comme si une autre bête eût marché près de lui. Un vertige grandissant, un peu pénible, le faisait par moments tituber.

Il se pencha vers la fontaine. L'eau, plus glacée encore qu'elle ne l'était pendant la nuit, lui meurtrit les entrailles d'une brûlure presque cruelle. Il regarda autour de lui, écouta. Rien ne bougeait par le taillis, sous les herbes jaunies, sur les mousses lisérées de soleil. Il faisait à présent plein jour. Mais la grande lumière qui ruisselait entre les arbres demeurait pâle et frissonnante, et les arbres tournaient lentement, se détachaient du sol à mesure qu'il les regardait, gagnés par le vertige où il se sentait s'abîmer.

Il miaula, et se mit à quêter devant lui. Des chuchotements menus couraient devant ses pas, des frôlements de fuites furtives. Il s'élançait, ne trouvait sous sa patte qu'une feuille de ronce violette battant doucement contre sa tige, qu'une pomme de pin tombée sur l'ados d'un fossé.

Des images commençaient à danser dans la lumière : une tache d'un blanc bleuâtre s'arrondissait par terre, entre les racines d'un bouleau. Elle tremblait un peu sur ses bords, se soulevait d'un clapotis crémeux. Et ses oreilles pointaient soudain, il entendait le pied grenu du bol frotter sur la dalle de ciment, là-bas, devant la porte de la cuisine. Brillant et rouge, le lambeau de viande crue pendait. Des doigts le lui offraient sous la ramure du chêne, des doigts gercés autour des ongles comme étaient ceux de Clémence. Et il miaulait encore, et s'élançait. Mais il n'y avait rien que la dernière feuille du chêne rouge, et le vide lumineux où nul appel ne s'entendait.

« Mimine ! Mimine ! » Qui l'appellerait ainsi de l'autre côté des vergnes ? Qui lui donnerait le lait, la viande ? Il rôdait plus lentement, perdu parmi la foule des arbres, sur les herbes fanées, sur les mousses rases où les fourmis ne couraient plus. Pas une aile d'insecte ne vibrait dans le soleil, pas un oiseau ne pépiait dans les branches. C'était partout la même lumière limpide et froide, d'une pâleur blonde dont la clarté même était triste.

Il allait au hasard, du taillis à la clairière, du roncier épineux au revers glissant du fossé. Les images bougeaient devant lui, s'immobilisaient soudain, l'une, puis l'autre, avec une précision hallucinatoire. Sa tête se tendait, du même mouvement de cou qui la plongeait dans le bol plein de lait. Il lançait sa patte droite, en se dressant de tout son corps comme il faisait devant Clémence, vers ses doigts qui offraient la viande. Et puis il retombait mollement, avec une lassitude résignée. Son miaulement commencé mourait au bord de ses lèvres. Il se reprenait à marcher, les yeux tristes, sur les mêmes feuilles à demi consumées, les mêmes herbes jaunies que les grandes pluies d'automne avaient couchées contre la terre. Et toujours, dans le bois sans limites, la même lumière régnait à l'infini, inerte et pure comme l'eau glacée de la fontaine.

Il marcha ainsi tout le jour, parmi les arbres innombrables. Depuis longtemps il ne songeait plus à la route. Il avait faim, ne sentait que sa faim dans son corps, et dans son corps aussi le lancinant désir de manger, de broyer sous ses dents des choses tièdes, gonflées de sucs nourrissants.

Les ombres s'allongeaient sur la terre. Des traînées roses passaient dans la pâleur limpide du ciel, lentement s'étalaient et gagnaient sous les branches. Et le soleil montait sur les troncs gris des chênes ; toute la lumière devenait rose, et déjà, au bout des layons, dans les profondeurs des taillis, s'alanguissait d'une tendre nuance lilas.

Il faisait froid, des souffles vifs couraient soudain dans l'air, puis retombaient paisiblement. La lumière déclinante gardait une transparence très pure où l'approche de la nuit dépouillait ses menaces. La terre laissait monter un crépuscule sans secrets, où les choses une à une reprenaient leur densité, où le vertige du jour trop clair se dissipait au toucher rugueux du chêne, au piquant de l'épine, à la douceur élastique de l'humus.

La faim de Rroû desserrait son étreinte. Il retrouvait sans en être surpris une joie presque violente, dont il comprenait à présent qu'elle tiendrait contre toutes les misères. Sa joie avait dormi dans l'immobile éclat du jour. Maintenant que l'air bougeait entre les arbres aux robustes racines, elle s'éveillait et frémissait dans son corps à peine affaibli.

Il s'arrêta : un cri tremblait dans l'air, un étrange miaulement dont la force emplissait tout le bois. Rroû l'écoutait, frémissant et heureux. Avec cette voix crépusculaire, une réalité favorable revenait combler le monde, situer chaque feuille, chaque brin d'herbe à sa place. Il vit du creux du chêne le hibou s'envoler, ses grandes ailes battre sous les ramures. Elles faisaient dans l'espace un murmure soyeux et presque imperceptible. Mais ce bruit faible était vivant aussi ; Rroû l'entendait, le suivait de l'oreille : et c'était, grâce à lui, comme s'il eût repris pied dans la chaleur de sa propre existence.

Alors seulement il s'aperçut que tous ses pas de la journée l'avaient ramené dans la clairière, au bord de la fontaine où il avait bu le matin. Autour de la fontaine, l'herbe demeurait verte et douce. Il cueillit dans sa gueule les pointes du chiendent, les broya sous ses dents, en fit jaillir le suc acide. Un apaisement descendait dans sa chair, où brillaient doucement à l'instant du sommeil la même joie confiante et vivace, la même ivresse de libre solitude. Et le sommeil pesa sur ses paupières, il s'endormit au fort du bois.

VI

L'ECUREUIL

Il apprit, d'heure en heure, à lutter pour maintenir et prolonger sa vie, à mener un combat plus exaltant et plus sauvage que les rixes rapides de Solaire. Chaque pas qu'il faisait par le monde était tendu vers une conquête, et chaque conquête exigeait une victoire dont dépendait la mort ou la vie.

La présence de la mort, il la trouvait enfin partout. Elle cessait de lui être cachée maintenant que ses griffes, au lieu de prendre la proie offerte, de déchirer pour le plaisir du jeu, devaient frapper pour tuer avant le repas nécessaire.

Il ne craignait d'autre ennemi que sa faim, et la craignait comme un être réel dont la puissance menaçait la sienne, épiait tenacement une défaillance, une maladresse. Il y songeait sans trêve, épiant lui aussi son approche sournoise, le vertige léger qu'il savait, et ne relâchant point sa garde. Cette tension continue l'armait d'une force neuve, bien mieux consciente d'elle-même que la vigueur insoucieuse de naguère. Il connaissait maintenant sa vraie force, la justesse de ses bonds et leur vélocité, le tranchant de ses griffes, le perçant de ses longues canines. Il marchait dans le bois et il sentait sa force en lui, toujours vigilante et fidèle. Et la mort le suivait sur les feuilles, et il était durement heureux.

Le second jour, il vit l'écureuil. C'était dans un layon rectiligne, sous des hêtres. La rosée sur la mousse étendait comme des toiles scintillantes. L'écureuil, au bord du fossé, cherchait les dernières faines tombées : il retournait les feuilles à petits coups de ses mains prestes. Quand il aperçut le chat, il grogna de surprise et d'effroi. Il grogna gravement, d'une voix pareille à celle du marcassin, et sauta au tronc gris d'un fayard.

Rroû demeura une patte levée, la tête tendue vers l'arbre où l'écureuil avait sauté. Il ne le voyait plus, mais il sentait qu'il était là toujours, que peut-être il le regardait. Et bientôt en effet la tête de l'écureuil dépassa le tronc de l'arbre, et il grogna encore en sautant un peu plus haut.

Rroû se garda de le poursuivre. Il avait compris d'un seul coup que la vraie lutte commençait, qu'il fallait accepter sa loi sereine et rigoureuse, qu'il y allait pour lui, dès ce matin et pour toujours, de la vie ou de la mort.

Il se rasa dans un creux des feuilles, demeura immobile, et veilla. L'écureuil n'avait pas quitté le fayard. Caché derrière le fût de l'arbre, il avait gagné par saccades la fourche des maîtresses branches et s'était arrêté là. Il se taisait maintenant, ne bougeait plus. Mais Rroû savait qu'il était là : car il n'avait plus entendu le crissement de ses ongles sur l'écorce, ni surpris à travers les branches le vol flottant de sa queue rousse.

Il n'eut pas longtemps à attendre. Inquiète, curieuse, la petite tête aux yeux noirs dépassa la fourche de branches, demeura visible une seconde avant de replonger derrière. Et bientôt, de nouveau, un crissement d'ongles courut sur l'écorce de l'arbre, le panache roux flotta l'espace d'un éclair, un peu plus haut, jusqu'à la seconde couronne.

Les minutes s'écoulaient. Rroû, toujours rasé sur les feuilles, gardait une immobilité rigide. Ses yeux ne quittaient pas le même point du hêtre, le même nœud de branches où l'écureuil s'était assis. L'affût dispensait au chat noir une longue volupté sans fièvre. Il oubliait sa faim sous l'envoûtement du guet passionné, ou si parfois un retour de vertige allégeait son corps sur les feuilles, sa volonté de tuer devenait aussitôt certitude, le gardait de souffrir et de s'abandonner.

L'écureuil était arrivé. Il avait oublié le petit fauve glissant qu'il avait vu dans le layon. Cela encore, Rroû le savait. Il continuait d'observer sans bouger, de reconnaître, après le nœud de branches où l'écureuil était assis, la pente des branches voisines et leurs aspérités. C'était cela qu'il devait faire, cela maintenant et rien d'autre. S'il l'oubliait, s'il cédait avant l'heure aux traîtresses invites de sa faim, s'il bondissait follement dans l'arbre à la poursuite de l'écureuil, c'était l'échec, et le premier faux pas aux lisières toujours proches de la mort.

Sa faim pouvait le harceler longtemps, elle n'était pas dangereuse encore. Le temps comptait pour rien au regard de l'attente immobile. Rroû attendait, les yeux fixés sur la bête rousse, les oreilles écoutant le crépitement léger des faines qu'elle grignotait là-haut. Elle les portait des deux mains à sa gueule, les décortiquait lestement. Après quoi, d'une seule patte, elle les poussait contre ses incisives qui cisaillaient et rongeaient l'amande pâle, si vite qu'elle semblait fondre comme une noix de beurre dans la poêle.

Enfin l'écureuil eut mangé. Il se tourna sur la fourche de branches, se retourna, sauta, et descendit, la tête en bas, le long du tronc. Rroû le vit passer près de lui, trottant sur l'ados du fossé. Il vit onduler sous ses yeux les courbes vives de son élan, il vit les aigrettes de poils raides à la pointe de ses oreilles, et la longue queue fourrée que l'air semblait soulever comme l'aile d'un oiseau. Mais il ne bondit point, ne bougea point d'une ligne.

Bien plus tard seulement, quand l'écureuil eut disparu dans la hêtraie, il se souleva un peu, glissa sans bruit vers le fayard. Maintenant il se hâtait, grimpait vers la fourche de branches, la seconde fourche, celle où l'écureuil avait mangé.

C'était bien là ; il respirait encore, jusqu'à en défaillir, le fumet aigre et chaud du rongeur. La tête basse, le nez tâtonnant, il flairait rapidement l'écorce. Sa patte se tendit, s'enfonça dans un creux de l'arbre.

Et de nouveau, c'était bien là. Les faines grelottaient dans ce creux, sous sa patte. Les évidences favorables se rejoignaient comme les maillons d'une chaîne. Il ne s'attarda pas davantage, grimpa un peu plus haut, choisit sa place à la courbe d'une branche.

Alors seulement il accueillit sa faim. Il la laissa couler et se répandre en lui, il se livra sans lutte aux images dont elle l'assaillait. Et par instants ses dents serrées crissaient, ou sa gueule s'entrouvrait sur sa langue sèche et rouge qui frissonnait contre son palais. Toute sa chair souffrait du même frémissement douloureux ; et cependant l'attente qui le faisait ainsi panteler, loin d'étouffer sa joie, l'embrasait d'une clarté farouche. Il attendait, à l'affût sur la branche ; et chaque seconde qui passait le trouvait prêt sans défaillance, bandé de toute sa faim pour le bond qui tuerait la proie.

Et la seconde vint où il tua l'écureuil. Il le vit arriver de loin, tenant d'autres faines dans sa gueule. Et l'écureuil épia au pied de l'arbre, puis, rassuré, grimpa le long du tronc à vives saccades de l'échine. Rroû ne sentait même plus les battements de son cœur. L'écureuil grimpait vite, approchait, étreignant le fayard de ses petites mains dures, entre chaque saut enfonçant dans l'écorce ses ongles noirs qui brillaient au soleil. Il atteignit la cache, laissa rouler les faines, une à une, dans le creux sonore de l'arbre. La gueule libre, il grognait tout bas, la patte plongée jusqu'à l'épaule dans l'épaisseur de son trésor.

Ce fut ainsi que la mort le saisit, tombée de la branche voisine. Son grognement d'aise, sous l'éclair sombre qui le frappait, sursauta en cri d'agonie. Déjà, par la hêtraie, le silence du bois refluait. Un peu de sang coulait sous l'ardente fourrure, glissait le long des branches sur l'écorce grise du fayard.

De frêles os qui craquent au fort d'un bois sauvage, cela ne s'entend plus dans la profondeur du silence, ni le grondement râpeux et monotone d'un petite fauve qui s'assouvit. Rroû lacérait des griffes, et grondait ; déchirait la chair rouge en secouant les mâchoires, et grondait. Ce lisse de muscles dénudés, cette tiédeur qui ballotte et ruisselle, ce tendon qui résiste et s'arrache, tout cela sous les crocs, dans la gorge, dans le ventre qui pèse et qui se creuse encore, et sous les crocs toujours pendant que la gorge gronde, et que le cou se gonfle au passage des chaudes nourritures, tout cela, c'est manger, manger pour la première fois.

Rroû prit haleine, bascula lentement sur le dos. Il regarda ses pattes dans le soleil, ses griffes écartelées où tremblait une rougeur translucide. Et il roulait d'un flanc sur l'autre, de plus en plus lentement, par intervalles léchant à petits coups de langue le bout poisseux et salé de ses pattes. Et sa gorge filait un ronronnement très doux dont il se caressait, se berçait en roulant sur la mousse, près de l'écureuil déchiré.

Il retomba d'aplomb sur ses pattes, gronda encore, et de nouveau mangea.

VII

LA FONTAINE DE VERRE

En ce seul jour il avait tout appris. Sa vie, au décours de l'hiver, avait lutté, solitaire dans le monde, parmi les choses vraies qu'il avait jusqu'alors ignorées. La misère et la joie d'être un vivant qui marche sur la terre, il les savait maintenant par la veille et par le repos, par le cri de la passe buissonnière qui volète dans le roncier, par le trou sablonneux du terrier, par le murmure de l'eau qui goutte dans la fontaine au bout de la rigole de pierre.

Et il savait aussi l'immensité du monde, les ondulations des labours où l'alouette court dans le sillon, l'orée du bois que surveille le busard, le clair de la vallée où se groupent les maisons des hommes.

Il marchait à son gré par le monde, humait le vent glacé du fleuve qui rebroussait au loin l'eau glauque, s'abritait de la pluie sous les aiguilles du pin, dormait sous le dais de broussailles qui couvrait le fossé comme un toit.

Et la distance n'était plus rien, ni le temps qui joignait dans l'espace la rose aurore au crépuscule violet. L'affût au bord de la fontaine où vient boire le coq faisan, à la gueule du terrier d'où le garenne doit sortir, l'affût était patience du corps, immobilité de la force ; mais il n'avait point de durée entre l'approche silencieuse et le bond qui dardait les griffes. Et le sommeil venait des profondeurs de l'être, montait dans le soleil comme une ombre nocturne, obéissait au silence des arbres où le chant clair du troglodyte avait cessé de résonner.

La vie seule durait, avec ses chances ingrates, ses repues âprement gagnées, ses errances libres sur les reins de la terre dans son odeur de glèbe et d'eau, sur le grenu du sable ou la moiteur de la feuillaison morte. Il suffisait à Rroû d'être seul, et de vivre. Il avait en une fois, la nuit où les grues voyageuses criaient dans les nuages et le vent, plongé d'un bond au sein de l'unique aventure. Et maintenant c'était assez d'en vivre violemment le drame magnifique et terrible, où toutes les souffrances et les joies battent avec le sang du cœur.

Les maisons sous leurs toits de tuiles fumaient dans un repli des terres. Elles étaient là-bas sept ou huit, serrées à l'occident du bois. Et parfois, venus du hameau, l'appel d'une voix humaine ou le hennissement d'un cheval, le cri rouillé d'un coq s'en venaient mourir sous les arbres. Mais ce n'était rien d'autre que la rumeur lointaine d'un hameau perdu dans le monde, une rumeur pareille à celle qui venait de Solaire, autrefois, du fond d'un âge sans souvenirs.

Et plus loin, sur l'écran mauve d'une forêt, le pignon d'une autre maison haussait une tache triangulaire, d'une pâleur presque crue maintenant que la vigne vierge avait perdu ses feuilles. Souvent les yeux de Rroû voyaient briller cette tache sous l'oblique soleil du matin. Et d'aventure il s'en approchait, assez pour distinguer sur le crépi du mur la résille sinueuse des sarments. Mais la maison aux volets clos, le vieux sureau à la cime arrondie qui s'inclinait sur le talus du fleuve, n'évoquaient rien en lui que les ombres de l'âge révolu, les limbes où s'enlisaient les souvenirs décolorés.

Il revenait chaque jour dans le bois de son premier désir, au bord de la fontaine où il s'était librement arrêté. Cette place de la terre lui devenait comme une patrie, où l'aventure qui l'enveloppait se faisait plus sensible et plus chaude. Dès qu'il s'enfonçait dans le bois, il y sentait une rudesse touffue, une odeur de pelage et d'hiver. Et le putois vêtu de chaume qui rampait dans la sente d'agrainage, qui lui montrait avant de disparaître ses babines et ses crocs dans un rictus de peur féroce, lui rappelait aussitôt, avec l'imminence de la faim, la volupté du quotidien massacre.

Ainsi les jours passaient, les longues nuits inclinées vers l'hiver. Tous les matins l'herbe était blanche. Elle scintillait sous la froide lumière, et jusqu'au soir restait raidie sur les pentes des fossés que le soleil ne touchait point. Le temps, depuis la lune nouvelle, demeurait immuablement clair. Le ciel entre les branches apparaissait d'un bleu tendre et léger, et même dans l'ombre de la nuit il gardait une glaciale transparence où les étoiles avivaient leurs feux.

D'une aube à l'autre, le froid grandissait. La jonchée des feuilles mortes pétillait sous les pas, s'émiettait en paillettes cassantes que les moindres remous de l'air soulevaient sur la terre gelée. Le froid hantait le bois de sa pureté déserte, chaque arbre semblait plongé au fond d'un océan resplendissant et mort, et les ramilles prenaient aux yeux une fragilité minérale que le poids d'un roitelet eût brisée.

Le froid régnait, hostile aux petites vies errantes. Le garenne demeurait blotti dans la moiteur des galeries profondes, la belette et la fouine rôdaient autour des poulaillers. Les faisans, serrés les uns contre les autres sous de hautes touffes de bruyère franche, ébouriffaient leurs plumes et ne quittaient plus leur abri. L'affût devenait inutile, et l'approche décevante sur ce sol dur et sec, parmi les broussailles sonores qui craquaient à peine effleurées.

Le vertige de la faim recommençait à tourner, à trembler dans l'air brillant. Quand l'obsession se faisait trop pénible, Rroû revenait au bord de la fontaine. Il s'accrochait des griffes aux mottes pétrifiées de la berge et courbait son échine amaigrie. Sa langue lapait, à coups si menus et légers qu'ils ne ridaient même pas le cristal bleu de la fontaine. L'eau meurtrissait ses gencives et sa gorge, coulait en lui comme une flamme dont la brûlure persistait cruellement. Pourtant il continuait de boire, le col tendu et les pattes grelottantes. Dès que sa langue avait touché l'eau, dès que son ruissellement commençait à couler dans sa gueule, il ne pouvait plus s'en aller. Et il lapait, étreint par une ankylose grandissante, les griffes serrées sur les aspérités du sol, toute la chair raidie par le froid de l'espace et la glissante brûlure de l'eau.

Maintenant que la gelée avait chassé les proies vivantes, maintenant que les longues marches dans le bois et la plaine lui avaient révélé le vide ensoleillé du monde, il savait que toute ruse était vaine contre le froid, et vaine aussi toute ténacité dans la quête, toute révolte devant l'inéluctable. Il ménageait ses forces déclinantes pour le jour où le froid mollirait, demeurait de longues heures allongé, les yeux perdus ou fermés à demi.

La seule défense possible était de chercher le soleil, de coucher sa maigreur sur un talus offert à la lumière, à l'opposé du vent glacial. Il s'étendait, se repliait doucement sur une petite clarté bougeante qui vacillait dans l'air éblouissant, mais qui du moins gardait contre son corps la tiédeur de sa propre vie.

Maintenant c'était assez de protéger cette tiédeur précaire, de la défendre contre les épuisants désirs, contre le dangereux espoir. Manger, rêver qu'on mange, c'est une muette rafale qui souffle autour de la clairière, qui s'approche du talus au soleil, du chat noir replié sur sa vie. Alors ses yeux s'ouvrent plus grands, soutiennent sans cligner l'impitoyable éclat du jour. Et si les yeux hallucinés croient voir passer dans un trou du taillis le galop brusque d'un garenne, si les oreilles croient entendre tout près la crécelle d'un coq faisan, le chat réprime son tressaillement, se replie davantage et regarde à travers les branches l'air transparent et vide où règne le silence de l'hiver.

Ou bien, si sa faiblesse chancelle, il songe à la fontaine parce que la fontaine est là ; à l'eau qui coule au bout de la rigole de pierre, parce que, s'il se lève et cède à l'attirance de l'eau, il la verra goutter à la pendeloque verte des mousses, entendra son tintant murmure à la surface du bassin.

Il s'est levé, il va vers la fontaine d'un pas de plus en plus rapide. Il court, et brusquement s'arrête, effaré de trouver le silence, le même silence que dans le ciel à la place où la source tintait. Sa patte, au bout de la rigole, touche l'eau glacée qui s'est tue. Il la voit, limpide et glissante sous ses yeux, mais qui se tait, et se brise sous sa patte avec un seul tintement triste. Une lame d'eau brisée vient de tomber sur la fontaine. Elle reste là comme un caillou, et la patte qui s'avance la pousse devant elle, puis l'abandonne, inerte, à la surface pétrifiée du bassin.

Ce dur miroir où le bleu de l'espace ne frissonne plus entre les reflets des branches, ce bloc de ciel plus glacé que le ciel, Rroû comprend que c'est la fontaine, et que le froid a fini par la tuer. Le soleil a sombré, loin du bois, derrière les toits bruns des maisons, les toits serrés les uns contre les autres comme les faisans sous la bruyère, comme les garennes dans leurs terriers. La nuit qui monte brillera de mille étoiles, mille petits soleils glacés. Le désespoir se lève et monte avec la nuit, tranquille et lent comme elle, avec sa douceur implacable.

Rroû est resté au bord de la fontaine. Le crépuscule est clair encore, d'un rose tendre et figé qui s'attarde sur l'eau gelée. Sa lueur dernière tremble au travers et laisse monter vers les yeux tristes, une à une, les bulles de l'eau vivante qui bouge sous sa prison de verre.

VIII

LE FOSSE

Il se rapprocha des maisons, guetta dans l'ombre de la grange le rouge-gorge qui sautillait en sifflant sur l'appui de la croisée. Il attendit, caché dans un coin du grenier, sous les toiles d'araignées qui pendaient aux chevrons, que la geline eût pondu dans le foin. Et sitôt qu'éclatait son chant de délivrance, il la chassait, battant des ailes et les yeux ronds, du nid tiède où l'œuf reposait, d'un blanc crémeux comme celui du lait. Il brisait l'œuf d'un coup de patte, le gobait goulûment et fuyait, parce que la pondeuse continuait de crier dans la cour et que la maîtresse l'entendait.

Ce n'était pas la belette ou la fouine, mais le chat noir qui plongeait sous la haie. L'injure n'y pouvait rien, ni le caillou lancé de loin vers la haie qu'il avait franchie. Il revenait au bois par le talus du fleuve, hors du sentier sans herbe où les hommes auraient pu le voir.

Le même froid transparent continuait de briller par l'espace, la terre demeurait dure et nue. Mais si rare à présent que se fît la pâture, plus que la faim la soif s'avérait redoutable. Une fièvre continue dévorait ses entrailles. A peine cessait-il de courir, il en sentait le tremblement secret, des ondes qui du fond de son corps gagnaient sa peau et l'horripilaient de frissons. Une sécheresse cendreuse lui emplissait la gueule, un goût affreux de terre pulvérulente. Et ses gencives enflaient, meurtries d'ulcérations malignes qui déchaussaient ses dents et les ébranlaient une à une.

Un matin, Rroû dormait sous la voûte broussailleuse d'un fossé. Il s'éveilla, et sentit aussitôt un bien-être jamais éprouvé. Il devait être tard ; au-dessus de sa tête, par un trou dans les branches, il voyait les rayons du soleil plonger d'un point haut dans le ciel.

C'était un jour de lumière et de froid pareil à tous les jours cruels qui se suivaient depuis si longtemps. Mais Rroû percevait aujourd'hui dans la sérénité de l'air une sorte de douceur éparse, il ne savait quelle rémission prochaine qui descendait du ciel trop pur comme une ondée tranquille, comme une tendre guérison. Tout le bois était calme, non plus de cette torpeur de pierre qui raidissait les branches des arbres, mais engourdi dans un demi-sommeil dont Rroû sentait qu'il allait prendre fin.

Nul signe pourtant n'apparaissait d'un changement misécordieux, d'une trêve. La faim, la soif continuaient de rôder dans la clairière et sous les arbres ; et elles étaient aussi dans la plaine aux mottes dures, sur le fleuve diminué dont l'eau coulait, livide, sous une frange de glaçons bloqués.

Rroû savait tout cela, qui était sa pesante misère. Il la subissait sans révolte et n'en espérait point le terme. Quand le bois et la plaine avaient refusé leur appui, il s'était rapproché du hameau, du chaudron où le porc a laissé quelques grumeaux de pommes de terre, du seau abandonné à la porte de l'étable et dont le fond garde une gorgée d'eau qui n'a pas encore gelé.

Mais ce matin il ne cheminerait pas, voleur honteux, vers les maisons des hommes. Il était bien au creux de ce fossé. Il avait faim et soif, mais il ne souffrait plus. Ce bien-être inconnu qui l'envahissait peu à peu avait une bonté puissante où toute peine venait se fondre. Il respirait lentement, et son souffle exhalait dans l'air une brume fine aussitôt évanouie.

Il était là, ainsi couché, et se sentait plonger dans un engourdissement lucide, le même qui enveloppait le bois. Tout près de lui la liane pourpre de la ronce, sa feuille dure tachée de violet s'amollissaient, se détendaient en respirant. Et tous les arbres baignaient dans une moiteur heureuse. Et la terre de la plaine invisible, et le fleuve aux longs méandres, il les sentait qui respiraient aussi, en exhalant la buée légère qu'il voyait naître à ses narines.

Le soleil ruisselait par le trou dans les feuilles, une pluie de soleil molle et blonde. Sûrement, dans la clarté du ciel, la buée caressante s'épandait, un voile de buée qui tamisait enfin ce rayonnement impitoyable, qui bientôt effacerait sa terrible splendeur bleue.

Il respirait, confiait sa chair à la douceur d'un repos absolu, poignant à force d'abandon. C'était fini désormais de lutter, de se raidir contre le monde hostile. Une attente commençait, qui ressemblait à celle de la terre et de l'arbre, qui s'abîmait dans l'harmonie des choses : et toute angoisse se déliait en elle, et toute fatigue s'en allait.

C'était bon de seulement attendre pendant que le soleil pâlissait sous les ronces, pâlissait dans le ciel sous le voile des flottantes vapeurs. Elles avaient une blancheur soyeuse, elles semaient à travers l'espace un lent floconnement de duvet. Le froid, toujours intense, s'altérait dans sa profondeur ; sa substance même changeait, touchée de l'unanime langueur où Rroû plongeait avec l'arbre et la terre, dans un enlisement bienheureux.

Il n'attendait plus rien qui réveillât en lui l'âpreté farouche du désir, l'atroce fadeur du désespoir. Manger n'importait plus, ni replier son corps sur l'étroite chaleur de sa vie. Jamais, depuis les jours glacés, Rroû n'avait mieux senti son rayonnement paisible, sa claire vaillance. Il s'étonnait de ses longues transes, de tout ce qu'il avait souffert pour protéger sa vie contre des menaces illusoires. Il avait méconnu sa force. Elle avait continué de luire pendant que son corps trébuchait ; et maintenant que son corps épuisé renonçait à lutter davantage, il retrouvait, aussi vivace, sa petite flamme fidèle qui brillait dans le jour pâle.

Elle montait droit, sans vaciller. Elle se tenait devant ses yeux, irradiant une clarté dorée qui réchauffait sans éblouir. C'était d'elle que venaient le bien-être, le languide et confiant abandon. Cette faiblesse glissante de sa chair qui l'eût hier épouvanté, Rroû se délectait étrangement à la sentir prendre son corps, engourdir la souffrance de ses fibres martyrisées. Ses pattes gercées entre les griffes, ses gencives et sa langue tuméfiées, il ne les portait plus comme autant de blessures à vif. Ces flancs maigres qu'il voyait sous ses yeux, ce pelage terne et clairsemé, ils n'étaient déjà plus les siens, mais la triste dépouille dont il se détachait lentement, de seconde en seconde un peu plus, avec un grandissant bonheur.

La flamme brûlait toujours, immobile. Il en partait des halos verts et roses, qui montaient vers le trou dans les ronces et s'évadaient dans l'immensité assombrie. Cette grisaille de l'espace était une douceur de plus. Les nuances tendres des ondes qui naissaient de la flamme en paraissaient plus ravissantes. Et les ondes naissaient toujours, élargissaient leurs cercles à l'infini, sur le même rythme inépuisable et lent.

Il les suivait des yeux sans se lasser, insensible à toute autre chose qu'à leur dansante fantasmagorie. Il fermait les paupières, et pourtant continuait de les voir, tandis que peu à peu leur lente cadence s'alentissait encore, et que leurs nuances roses et vertes s'évanouissaient mollement dans une même blancheur irisée.

De loin en loin, il entrouvrait les yeux. Ce n'était

pas sa volonté qui soulevait faiblement sa tête, le désir d'échapper à l'inconscience du sommeil. C'était à son côté un sursaut de la flamme vigilante, dont il lui semblait tout à coup entendre le léger soupir. Elle était toujours là, les ondes colorées recommençaient à trembler autour d'elle, plus lentes, plus pâles, ineffablement douces.

Et les paupières s'ouvraient encore, puis se fermaient et longtemps restaient closes. La journée s'avançait, glissait déjà vers son déclin. Un mur de nuées grisâtres se levait sur la plaine, envahissait le ciel et montait vers le bois. Rroû dormait au creux du fossé, la tête renversée sur les feuilles. Son souffle soulevait à peine la maigreur de ses flancs. Au garrot, à la croupe, ses os saillaient durement et tendaient la peau dénudée. Il avait l'apparence d'une bête morte qui se fût cachée là pour mourir, ou qu'on eût jetée dans ce trou comme une charogne pénible à voir.

Le noroît gémit dans la plaine, se jeta en sifflant vers le bois. Il toucha toutes les cimes ensemble, et les rameaux s'entrechoquèrent dans le vol brusque des feuilles sèches. Alors un tressaillement parcourut le corps du chat noir, plus rapide et violent que l'élan de la bise. Et aussitôt il fut debout, dressé d'un bond sur ses pattes qui tremblaient. Le poil soulevé, les yeux pleins d'épouvante, il regardait la place où il gisait l'instant d'avant. Et il poussait sur la couche de feuilles un souffle râpeux et bruyant, et reculait hors du fossé sans pouvoir détacher ses yeux de l'empreinte creusée par la bête, la bête morte qui était lui.

IX

LA NEIGE

Il faut souffrir de ces pattes blessées, de cette enflure cuisante qui colle la langue au palais, de ces élancements sous la peau, tous les points de la peau où les saillies des os appuient comme pour la déchirer. Il faut retrouver une à une ces meurtrissures qui font mal, les aimer pour le mal qu'elles font. Le corps est ainsi maintenant. Il vit ainsi, tel que la misère l'a mordu. Rroû portera ses plaies, les léchera l'une après l'autre et les reconnaîtra toutes.

Il a couru loin de la clairière, jusqu'à l'orée du bois sur la plaine. La bise a brusquement cessé. Le ciel pèse bas sur les glèbes, uniformément gris et plombé. Là-bas, sur le hameau qui ressemble à Solaire, les fumées des maisons demeurent au ras des toits, sans pouvoir s'élever sous ce ciel trop pesant.

Rroû s'est assis, appuyé fortement sur ses pattes, la tête tournée vers le hameau. Il aspire l'humidité de l'air, en imprègne longuement ses poumons. Et c'est déjà dans sa poitrine une sorte de déploiement frais. Tout ce qu'il voit, les chaumines écrasées sur la terre, le pignon solitaire qui se détache, plus loin, sur la grisaille d'un autre bois, la nue livide qui s'étend sur le monde, il le voit réellement, en accepte la lugubre tristesse.

Une mouche a voleté dans l'air, un peu plus grise que le ciel où elle vient soudain d'apparaître. Il la voit et la suit des yeux, qui dérive légèrement vers la terre. Elle la rejoint, tout près de Rroû, et s'éclaire aussitôt d'une blancheur merveilleuse, si pure que les regards s'étonnent et doutent de sa réalité. Est-ce un rêve qui revient, une splendeur nouvelle que prend la mort pour cacher son approche ? Rroû s'appuie plus fort sur ses pattes, réveille le lancinement des plaies. La douleur, aussitôt, darde ses pointes et le rassure. Il croit à la blancheur des mouches sans ailes qui se posent sur la terre, au chuchotement duveteux dont elles l'entourent et le caressent.

Elles sont partout, grises dans le ciel, et blanches dès qu'elles rejoignent le sol. Leurs essaims tourbillonnent dans l'air calme, remontent vers la nue, comme aspirés là-haut par l'haleine d'un être invisible, puis retombent, et se soulèvent encore. Mais toujours leur glissement suspendu s'incline vers les reins de la terre, se pose à l'aisselle des branches, sur le toit des ronciers, aux revers des sillons. Déjà de minces lignes blanches apparaissent au long des labours ; un poudroiement s'épaissit dans les arbres, d'où s'épanche à travers le sous-bois une pure et dormante clarté.

Rroû laisse cligner ses yeux quand un flocon les touche, mais les rouvre aussitôt pour revoir dans le ciel la ronde innombrable et légère, sur la terre la candide floraison qui s'éploie jusqu'aux rives du ciel.

La neige vit autour de lui, chuchote dans le vaste silence. Bien mieux que le soleil d'hiver, elle vit et bouge ; elle effleure le poil, se pose sur les yeux avec un froissement furtif, mais qu'on entend quand même et qui émeut le cœur. Et dès qu'elle s'est posée elle fond à la chaleur du poil ; elle perle en gouttes menues dont la fraîcheur ne fait point frissonner, tant elle éclôt avec douceur avant de glisser sur la fièvre.

Rroû lève un peu la tête, la tend vers le vol des flocons. Il est heureux de sentir sur sa peau leurs légers chocs multipliés. Il les sent tous, contre ses yeux surtout qu'ils voilent de leur pâleur soudaine, mais sur ses pattes aussi, le long des flancs et de l'échine, aussitôt que les touche la fondante douceur de la neige.

Sa langue passe au bord de ses lèvres pour s'offrir au toucher des flocons. Ils touchent aussi sa langue, et fondent. Une rosée vivifiante humecte ses gencives malades. Toutes ses plaies, la neige les effleure, appuie sur elles un baume qui endort un temps leur brûlure.

Immobile, ses yeux verts entreclos, il demeure dans l'ombre du soir pendant que tombe et chuchote la neige. Jamais n'a régné par le monde un silence plus profond que celui où elle chuchote. Sur les champs désolés, sur la dalle rugueuse de la plaine, la neige tombe et s'épaissit. La branche ne heurte plus la branche, la feuille métallique de la ronce ne cliquette plus dans le fourré. La neige tombe, fantasque, entre-tisse ses flocons dans l'espace, les sème inépuisablement sur l'épaisseur des flocons endormis.

Depuis longtemps la nuit est dans le ciel. Mais de la terre monte une lueur diffuse, une clarté plus blanche que la neige. Et la frange de la nuit plonge dans cette blancheur, bleuâtre à peine, et s'illumine en elle. Cela fait sur les champs une nappe pure et tranquille, où les broussailles qui sont là, où les toits des maisons, le bois lointain, les sillons des labours se lisent mollement les uns aux autres, et recréent dans la nuit un monde bleuâtre et candide, craquant aux yeux comme les pas dans la neige.

Un pas, un autre pas, la tête toujours levée vers le vol des flocons, Rroû marche sur la neige, le long des sillons blancs, vers les toits des maisons.

X

LE PIEGE

Le souvenir qui ranime l'énergie, c'est celui de la bête qui se mourait dans le fossé. Dès que le corps défaille sous la fatigue, et que grandit le désir du repos, le souvenir revient et soulève le poil. Il revient tout entier, avec sa douceur tentatrice, son abominable douceur. Alors l'épouvante souffle, fouaille la chair sans courage, tandis qu'un long miaulement s'échappe de la gorge serrée.

Maintenant, Rroû a peur du sommeil. Il ne dormira plus jamais qu'il n'ait d'abord tué ou volé, que sa faim ne soit morte d'abord. D'autres souvenirs se lèvent du fond d'un passé très lointain, des habitudes reniées qui maintes fois déjà, sans qu'il en ait eu conscience, ont dirigé ses pas vers les courtils où flotte l'odeur de l'homme, mêlée à celle des nourritures.

Dans l'aube blafarde qui traîne sur la neige, il rôde le long des murs, en écoutant le prodigieux silence. Les maisons dorment, ensevelies. La neige qui couvre les basserelles unit son épaisseur à celle de la neige sur la terre, tient les maisons captives sous la même chape immense que la nuit a tissée par le monde.

Le ciel est blanc, éclairé d'un reflet qui monte, immobile comme l'étendue des champs. Un vol de freux tournoie sur des meules blanches. Et parfois l'un d'eux crie, d'un croassement mélancolique aussitôt étouffé par la neige. Rroû s'avance en rampant. Ses pattes s'enfoncent avec des froissements doux, laissant derrière lui des empreintes émoussées où demeure une goutte d'ombre mauve.

Autour de lui d'autres empreintes pointillent la blancheur de la neige : les freux ont marché où il marche, et aussi de petits oiseaux. Rroû s'arrête par instants et flaire attentivement la neige. Il tressaille : un chien a couru là, le long du grillage affaissé qui sépare les enclos des hommes. Il a passé au pied du mur, sous la fenêtre aux volets joints, devant la porte du cellier dont le verrou de buis pend au bout d'un fil de fer. L'homme a dû, hier soir, oublier de fermer la porte. Il dort maintenant dans la maison, de l'autre côté des murs.

Rroû se souvient des cours au soleil, des crépuscules d'été où les enfants riaient sur les seuils, du tintement des chaînes aux cuisses du cheval de labour à l'instant où ses traits tombaient... Mille souvenirs se raniment brusquement devant la porte entrebâillée. Sur la plaque des âtres, au bord des cendres encore chaudes, tous les chats de Solaire se pelotonnent et reposent. Ils sont gras dans leur poil bien fourré. Le collier de Raies jaunes s'élargit autour de sa gorge. Nez noir digère en paix, Câline aussi somnole dans la salle d'une maison, près des lits où les hommes sont couchés ; et sa tête qui s'incline en dormant frôle presque les cendres du bout de son museau rose.

Rroû, en passant devant la porte, a ralenti malgré lui son allure. Son corps s'est balancé sur place, à demi soulevé vers l'huis. Mais il est retombé, il a rampé vite au-delà, saisi d'une répulsion peureuse. Et de nouveau il a flairé la neige.

Il s'est trompé : ces empreintes ne sont pas celles d'un chien. Toutes fraîches, le fumet qu'elles trahissent est un fumet rude et sauvage. De loin en loin, entre elles, la surface de la neige garde la trace d'un frôlement velu, une poussière cristalline et légère. Brusquement, le chat se rase. Des piaillements d'agonie déchirent le silence du jardin. Il rampe sous le pied de la haie, s'arrête encore, le cœur battant.

Un chien rouge, devant lui, a sauté entre les choux d'hiver. Il semble possédé d'une folie rageuse, griffe la neige de ses ongles, la mord à coups de dents brutaux. Alors Rroû s'aperçoit qu'il tue : de petites ailes palpitent sous ses mâchoires ; les alouettes crient, aussitôt broyées sous ses crocs. Et les plumes s'éparpillent, et le sang éclabousse la neige.

A peine Rroû a-t-il vu les tresses de crin tendues où les alouettes s'étaient prises. Le chien rouge a bondi tout à coup, verticalement, et s'est enfui d'un galop forcené. Un éclair jaillissait par l'huis entrebâillé, des guêpes invisibles et furieuses giclaient en sifflant sur la neige. Rroû tremble sous la haie, pendant que roulent par la campagne les éclats du tonnerre qui a fracassé le silence.

Ils s'éloignent, s'éteignent dans la blanche étendue. Et le silence retombe sur les maisons et sur la plaine. Les freux se sont égaillés dans le ciel, Rroû n'entend plus leurs croassements. Il n'entend que les coups tumultueux de son cœur, et cependant revoit la flamme méchante, le bond de la bête inconnue, et tremble.

Et soudain il s'élance, éperdument fuit vers le bois. Plus vite ! Plus vite ! Le souffle manque, le cœur s'affole et cogne contre les côtes. Le tonnerre va jaillir encore, darder la flamme meurtrière. Comme le chien rouge a sauté sur la neige ! Comme il galopait vers le bois ! Le silence ne frémit plus. La maison muette diminue et s'affaisse quand Rroû ose retourner la tête. Une rémige est tombée sur la neige, des gouttes de sang vermeil, aussi, qui se rapprochent de plus en plus entre les empreintes creuses du chien rouge.

Il est là, près de l'orée du bois, couché sous des broussailles épaisses. Rroû a senti l'odeur de sa fourrure en même temps que celle de son sang. Il s'approche, sur ses gardes, prêt à bondir dans les basses branches d'un chêne. La bête blessée l'a vue aussi, elle jette sur lui un regard qui brûle, chargé de haine et de dégoût. Ses flancs halètent, son épaule saigne, tandis qu'elle gronde tout bas et découvre ses crocs.

« Va-t'en ! Va-t'en ! » gronde le renard.

Mais Rroû demeure, se couche au pied du chêne. Ses flancs halètent comme ceux du renard. Il miaule doucement. Ses yeux tristes s'attachent aux noires prunelles du fauve. Défiants encore, ils rapprochent pourtant leurs détresses, unissent malgré eux leurs fraternelles misères. « Tu es un chat, disent les yeux du renard. Tu vis dans les maisons des hommes. Si je n'étais blessé, je te casserais les reins. » Et les yeux glauques de Rroû, sa maigreur étendue, ses plaies, parlent de vie sauvage, loin des maisons, dans l'âpreté de l'hiver et du bois.

Ils sont seuls, allongés à dix pas l'un de l'autre, et ils pantèlent ensemble au bord du fourré désert. Longtemps après le renard se soulève. Il se remet sur pieds, d'un coup d'encolure courageux, regarde une dernière fois le chat qui respire sur la neige, et s'éloigne en boitant sous les arbres.

Rroû le laisse prendre un peu de champ. Et quand il a compris que le renard veut rester seul, qu'il ne se retournera plus, il le suit, dans le layon où il chemine.

Le renard trotte en courbant le garrot. Une de ses pattes reste pendante, comme morte, mais elle frissonne continuellement. Rroû regarde cette patte mutilée, puis le renard qui marche et s'enfonce dans le bois. Il songe à l'homme, à son fusil, à sa rancune sans merci. Il sent peser sur lui comme sur la bête farouche une malédiction inexpiable. Maintenant il sait que les plombs du fusil, bien avant ce matin tragique, ont déjà sifflé sur le fauve, et que pourtant, demain, plus tard, quand la blessure sera fermée, le fauve reviendra la nuit tuer devant la maison de l'homme, près de la porte du cellier.

Il s'arrête, tout à coup, parce que le renard s'arrête. Le sentier où ils marchent laisse voir la terre brune entre deux bourrelets de neige. Le renard flaire la terre, balance un peu sa queue touffue, puis d'un saut douloureux s'écarte du layon et disparaît dans le fourré.

Qu'était-ce ? Une odeur de chair encore fraîche s'est révélée dans le layon. Elle s'épanche en nappe sur la terre, elle s'épaissit d'un pas à l'autre. Rroû avance tout entier dans elle, et ses regards se brouillent, et ses oreilles bourdonnent sous la violence de son désir. Sur le bord du sentier, ses yeux ont vu l'écureuil mort. Il a bondi, lancé sa patte, et aussitôt hurlé en renversant la tête.

La douleur effroyable abolit toute conscience. Elle broie la patte, déchire l'épaule comme un fer rouge, darde ses pointes par tout le corps. Un rideau de ténèbres descend sur les prunelles. Rroû ne distingue plus rien, son crâne se vide, la douleur y tournoie en grinçant.

Il est tombé à demi sur le piège, la patte serrée dans ses mâchoires de fer. Il ne crie plus, ne gémit pas, et pourtant il n'est pas évanoui. Cette chose atroce est arrivée. Il est trop tard pour sauter en arrière, se délivrer de l'odeur attirante, ne plus voir l'écureuil brusquement apparu.

A travers la douleur tyrannique, des lambeaux de pensées palpitent. Rroû revoit le renard qui s'arrête, qui flaire en balançant la queue, et puis s'écarte et disparaît. Depuis le terrier natal, le renard a toujours lutté. Il n'a jamais connu de l'homme que la haine ingénieuse et l'embûche, jamais la main qui nourrit et caresse. Il a flairé, sous le fumet de l'écureuil, celui des doigts qui ont tendu le piège ; et il s'est détourné d'un saut, sans toucher à l'appât meurtrier.

Rroû s'est couché à côté du piège, en s'écartant assez pour ne plus sentir sur sa peau l'odieux contact du métal. Il déplace son flanc sur la terre avec une lenteur torturée, car le moindre mouvement cisaille la patte prisonnière. Il décrispe ses muscles, les relâche, par crainte d'exaspérer la fulgurante douleur qui naît sous la morsure du piège. Les dents de fer se sont presque rejointes, l'affreuse mâchoire bleuâtre serre implacablement. Rroû ferme les paupières, retient ses cris quand la douleur lance ses couteaux. Il n'attend rien, anxieux seulement de retrouver la place où son corps pèsera le moins lourd, où faiblira un peu le tiraillement abominable qui meurtrit ses tendons et ses os.

Sa patte saigne. Le froid monte du sous-bois neigeux, c'est une autre morsure qu'il perçoit à travers sa fièvre. Et dans le froid, par intervalles, glisse l'odeur de l'écureuil mort. Alors, malgré la souffrance et le froid, la faim s'éveille dans ses entrailles, et répand à travers ses veines sa voluptueuse et languide pâmoison. En se courbant un peu, en avançant la tête, Rroû mordrait à même l'écureuil. Il se soulève et retombe aussitôt, parce que la douleur le déchire, mais surtout parce que le souvenir éclate du bond qui l'a jeté vers l'écureuil, du sec tintement qui a claqué lorsque le piège l'a mordu.

Une terreur fade, plus épuisante que la coulée du sang, le tient prostré près du petit cadavre. Mais de nouveau l'odeur gagne ses narines, pénètre dans sa gueule et fait cliqueter ses dents. Non, il ne mangera pas. Il attendra que l'homme vienne. Et quand l'homme sera là il l'implorera des yeux, il miaulera humblement pour lui montrer qu'il se soumet, qu'il reconnaît sa force et croit à sa pitié.

Il rêve. Une voix câline traverse la ramure du sureau, le feuillage du marronnier rose. « Mimine ! Mimine ! » Cette voix l'implore et se soumet, le pied du bol frotte sur la dalle du seuil. Et soudain Rroû sursaute au bruit de tonnerre du fusil, et revoit la flamme rouge qui a jailli de la maison.

L'homme qui viendra vers le chat pris au piège aura un fusil dans les mains. Il ne fera pas grâce au vagabond du bois, au chat errant qui faisait crier la geline. Rroû a brisé le pacte : les hommes durs de Solaire se vengeront.

Il a froid. Son sang se fige sur sa peau, se raidit en une croûte brunâtre. Il se courbe un peu sur le piège, se rejette en arrière et tire sur sa patte prisonnière. La douleur est la même, aussi cruellement aiguë, et pourtant il tire davantage, écoute craquer lentement ses os. Et par instants il n'en peut plus, il fléchit sur lui-même de souffrance et d'épuisement, puis se raidit encore et recommence à tirer sur sa patte.

Il ne veut pas que l'homme de Solaire le trouve, il sait que cet homme le tuera. Comme le renard blessé, il faut qu'il s'enfonce dans le bois, au plus sauvage du fourré. Et ses os craquent, et le bout de sa patte ballotte sous la mâchoire de fer.

Furieuse, la volonté de vivre l'oblige à tirer davantage, à braver férocement la souffrance qui le tord sur le piège. Il ne craint plus le contact glacé du métal, il le mord en grondant à pleine gorge. Contre son flanc l'écureuil mort s'appuie, mêle sa fourrure au pelage noir. Il sent rouler sa chair sous son poitrail, il respire violemment son odeur de venaison. Et brusquement il y enfonce ses crocs, le lacère de sa patte libre.

Enfin ! Enfin il a mangé ! Et rien n'est arrivé de ce qu'il redoutait. Il est seulement un peu plus fort, plus résolu à s'échapper, à vivre. Il regarde sa patte, voit qu'elle est presque sectionnée. La pointe pâle d'un os traverse la plaie à vif, une bouillie rouge qui se contracte sous le froid. Il tire courageusement, se remet à manger. La douleur est à présent moins vive. Un fourmillement intense bout au point de morsure. C'est à peine au-dessus des doigts. Quand le moignon sera tout à fait détaché, Rroû ne laissera aux dents du piège qu'un faible lambeau de son corps. Peut-être pourra-t-il courir, malgré l'engourdissement profond qui l'étreint jusqu'à l'épaule...

Ah ! comme cette patte résiste encore ! Comme

elle était nerveuse et robuste ! Un tendon tient toujours, qui refuse de céder, qui s'allonge sous l'effort avec un léger bruit mouillé. Mais il cédera, il faut qu'il cède, que le piège même, de ses dents froides, aide Rroû à scier ce dernier lien vivant. Il se jette en arrière avec une frénésie démente, tordu par un retour de souffrance innommable. Et soudain il chancelle, il sent de toutes parts un vide étrange et bouleversant, un remous d'air où il bouge librement.

Où est le bois qui l'entourait, le mystère sauvage du fourré ? Ces longs espaces entre les arbres, ces mottes de neige qui feutrent les broussailles, cette blancheur à perte de vue... Il vacille, la tête creuse, étourdi par la fuite du layon, par la pâleur illimitée de l'air qui circule sous les arbres. Sa patte rompue touche la terre rugueuse. Il saute sur place, retombe, court quelques pas et revient sur lui-même. De nouveau son moignon touche le sol, il rebondit encore et miaule. Dans le layon perdu, près du piège où s'accrochent encore les débris de l'écureuil mort, le chat noir tourne et saute sur la neige, tourne toujours au bord du fourré. Et dans l'ombre du soir flambent ses prunelles glauques, ses prunelles sans regard où tourne la folie.

XI

LE CHAT FOU

DEPUIS bien des semaines, les paysans des hameaux qui s'égaillent le long de la Loire, ont vu rôder sur le halage un chat hirsute et noir, si maigre qu'on pourrait croire un fantôme sorti de la terre, un chat crevé qui marche dans le jour. Le vigneron qui commence à biner les sillons de sa vigne, le laboureur derrière sa charrue l'aperçoivent souvent qui passe en lisière de leur champ, et puis s'arrête et les regarde. Et quelquefois alors ils cessent leur travail, saisis et gênés malgré eux sous l'éclat fixe des yeux de cette bête, sous son regard d'un autre monde.

Et certains ramassent un silex, le lancent vers le chat en criant. Lui, sans hâte, évite le caillou, s'assied un peu plus loin et les regarde encore. D'autres s'approchent de la bête et lui parlent d'une voix sans rudesse. Mais quand ils sont à quelques pas le chat maigre recule devant eux, maintient jalousement ses distances et se dérobe à leurs invites. Il ne trahit aucune peur, rien d'autre qu'une défiance triste, une sorte d'étonnement hagard. Si le caillou ronfle trop près, si la voix répète son appel, il glisse sans bruit hors du halage et disparaît ainsi qu'une ombre sous les broussailles du talus.

Qu'il chasse dans le bois de Solaire ou sous les futaies de Saint-Viâtre, qu'il maraude autour des maisons, il montre une audace incroyable, une habileté presque fantastique à déjouer tout danger, toute riposte. Triquet, le garde-chasse de Saint-Viâtre, un grand Meusien blond et violent, l'a maintes fois tiré auprès des rabouillères. Si bon tireur qu'il soit, il l'a toujours manqué : il dit maintenant que c'est un chat ensorcelé, mais qu'il le tuera quelque jour avec une cartouche bénite.

Il se peut que Triquet n'ait pas besoin de charger son fusil. L'audace du chat maigre n'est point bravade contre l'homme. Il chasse et vole où il se trouve, insoucieux désormais du coup qui pourrait l'accabler.

L'hiver déjà laisse fléchir sa rigueur. Certains jours, vers midi, un soleil moite fait se gonfler l'humus, et sous le lierre du bois pointent les premières fleurs des ficaires. Mais le chat ne sent pas la douceur éparse dans l'air. Maintenant que les bestioles vivantes, gagnées par la mollesse de l'heure, s'offrent nombreuses à sa faim, il mange. L'orvet aveugle sort de la terre. Au bord de la fontaine, sous la pierre que retourne sa patte, le chat trouve dans la vase la grenouille prête à s'éveiller. Ce sont de tendres nourritures dont s'accommode une gueule malade, aux dents branlantes et sans vigueur. Il mange ce qu'il trouve à manger, et poursuit son chemin sans but, d'un bois à l'autre, le long du halage de Loire.

Le ciel se couvre, des hargnes volent et ternissent l'eau du fleuve. Et le soleil brille de nouveau, allumant les gouttes de la pluie aux pétales carminés des pâquerettes. Le chat marche, le poil rebroussé par le vent ou ruisselant sous les averses. Sa maigreur croît de jour en jour. Il chemine en boitant, les yeux fixes et vagues, pleins d'une indifférence stupéfiée.

Et les hommes le revoient toujours, sans réussir à l'approcher. Pourtant il ne fuit pas leur vue. Presque chaque matin, du seuil de sa chaumine, Irénée l'aperçoit qui passe en clopinant le long des thuyas de la haie. Et il s'étonne, dans sa simplesse, de cette obstination qui ramène vers la Charmeraie le chat perdu dont les yeux sont si tristes.

Aujourd'hui le voici encore. Pendant que le vieux jardinier façonne et ratisse les allées, il voit le chat qui grimpe sur la basserelle, s'approche de la lucarne par où s'éclaire la chambre de Clémence. Il appuie son museau à la vitre, pèse de son moignon contre le cadre du vantail. Irénée se repose sur le manche de son râteau. Il murmure à mi-voix, comme si le chat pouvait l'entendre : « C'est fermé, pauvre misérable. Voilà longtemps qu'il n'y a plus personne. »

Irénée ne croit pas si bien dire. Il ne sait quelle pitié l'attire vers cette bête déchue. Près de lui, contre son sabot, Kiki ronronne en soulevant le dos. Le vieil homme le caresse de sa main dure comme le bois, et caresse sa main dans l'épaisseur du poil lustré : « Tu vois, Kiki, le chat qui n'a plus de maison ? Pour lui le printemps vient trop tard... »

Justement le chat les regarde. Il les regarde avec une insistance étrange, et ses yeux vagues s'éclairent d'une lueur moins farouche, d'une tristesse moins glacée. Lentement, sans les quitter des yeux, il descend de la basserelle, s'assied sur le placis battu en les regardant toujours. Irénée recommence à sarcler, le corps plié bas vers la terre, et continue de parler à mi-voix comme font les vieux hommes solitaires. Il dit : « Chauffe-toi, allonge-toi au soleil. Ça n'est pas moi, pauvre innocent, qui te chercherai misère. »

Après longtemps il relève la tête. Où est passé Kiki ? Depuis le tournant de l'allée — il s'en avise tout à coup —, il n'a pas eu même une fois à l'écarter d'entre ses jambes. Il se retourne, et voit Kiki sur le placis, assis en face du chat maigre. Et les deux bêtes rapprochent leurs nez, se flairent attentivement avec de vifs retraits du cou. On croirait qu'elles se reconnaissent. Kiki ronronne tout bas, esquisse de la patte un geste de timide amitié.

L'autre se tait, les yeux élargis. Une clarté vivante tressaille dans ses prunelles, affleure en vacillant et se hasarde au jour, tandis que la maigre carcasse frémit et se soulève un peu.

« Na, na, Kiki... Ne gigote plus, il est parti. »

Irénée serre Kiki dans ses bras, le maintient, sursautant, sous sa paume. Le chat fantôme est redevenu fou : la lueur qui montait dans ses yeux a chaviré soudain, noyée sous un reflux de stupeur hagarde et glacée. Il s'est rejeté en arrière avec un miaulement rauque, plus douloureux que menaçant, et s'est enfui vers le talus où il a plongé comme une ombre.

« Vous l'avez vu ? » demande une voix sonore.

Le grand Triquet vient de surgir sur le halage avec son fusil dans les mains.

« Quoi donc ? dit bonnement Irénée.

— Le chat fou. »

Irénée secoue sa tête chauve.

« Non, dit-il, je ne l'ai pas vu. »

Triquet hausse rudement les épaules, et du canon de son fusil bat les broussailles du talus.

« Il était là, dans le jardin. Il a filé entre les lattes du portillon. Ah ! la sale bête ! J'aurai sa peau. »

Mais Irénée, tout noueux et courbé, regarde d'en bas le colosse et de nouveau secoue la tête.

« Va, Triquet, ça n'est pas la peine. Il était là, c'est vrai, il s'est sauvé sur le talus. Mais l'as-tu jamais vu de près ? As-tu jamais bien vu ses yeux ? C'est une bête qui a trop souffert et qui ne pourra plus guérir. Ne gaspille pas tes plombs, Triquet : la mort n'a pas besoin de toi pour fermer les yeux du chat fou. »

XII

L'OUBLI

UN jour de mars, un peu après midi, le gravier de la cour a crissé sous les pneus de l'auto grise. Le maître est descendu d'un petit saut guilleret ; et Clémence, derrière lui, s'est arrachée de la voiture.

« Eh bien, Clémence, a dit le maître, avais-je raison ? Le soleil donne-t-il, oui ou non ? Sapristi, qu'on est bien ! On se croirait au mois de mai. »

Il se frottait les mains, fredonnait, montrait sur les branches du sureau, ternes encore et d'aspect desséché, les fusées vertes des pousses nouvelles. Heureux de fouler le gravier, de regarder à la cime des tilleuls le sang pourpre des ramilles, de s'écorcher les doigts au crépi de la vieille maison, il enfonçait les clefs dans les serrures, ouvrait les portes, les fenêtres, faisait claquer contre le mur les lourds volets aux vantaux de bois plein.

« De l'air ! De l'air ! s'écriait-il. Des courants d'air partout, Clémence ! Nous n'avons que deux heures, ma fille. Il faut que d'ici là cette odeur de moisi fiche le camp. »

Clémence l'aidait, accrochait les volets, sortait les paillassons humides. Ses mains besognaient, diligentes. Et cependant ses yeux semblaient chercher, erraient dans les branches du sureau, sur la frange herbue du talus.

« Tout est ouvert ? Qu'est-ce que vous dites ? Sauf dans la chambre rose parce que le papier passerait ? Hé ! je me moque bien qu'il passe ! Ouvrez aussi la chambre rose... Et maintenant, hop ! allons voir le jardin. »

Sur la terrasse, ils rencontrent Irénée.

« Excusez, dit le vieil homme. J'ai entendu l'auto tout à l'heure. Mais mes jambes ne sont plus si subtiles.

— Et puis, sourit le maître, on a voulu changer de tablier. »

Irénée sourit lui aussi en plissant ses petits yeux vifs : « C'est pour faire honneur au printemps. Quand le maître et Clémence reviennent, toute la Charmeraie est contente : ils annoncent la première hirondelle.

« Voyez Kiki, ajoute Irénée. Lui aussi vous donne le bonjour. Il pense que dans un mois vous serez installés ici.

— Pas avant deux mois, dit le maître. Mais fichtre, je trouverai le temps long ! »

Il n'empêche que tous sont heureux. Sur la terrasse, dans le gai soleil, ils bavardent avec animation. La vieille maison, de toutes ses fenêtres ouvertes, accueille la réchauffante clarté. Sur la façade les premières mouches bourdonnent.

« Et Rroû ? » fait soudain Irénée.

Alors Clémence change de visage. Ses traits se tirent, ses mains tombent sur sa robe.

« Il est parti, murmure-t-elle. Il est parti à cause d'ici... Oui, le souvenir l'a tiré... Il est parti... Et il s'est perdu. »

Clémence parle par petites phrases que séparent de longs soupirs. Une question lui vient aux lèvres, qu'elle redoute de prononcer. Irénée la regarde et se tait. On dirait qu'il épie sur les lèvres de Clémence la question qu'elle ne prononce pas. Un silence passe entre eux, où l'on entend vers le talus, sous les marsaules déjà fleuris, le frémissement d'ailes d'un oiseau qui s'effarouche.

« Ecoutez voir... commence Irénée.

— Quoi ? » jette nerveusement Clémence.

Le vieux hésite, réfléchit. Il murmure à part soi, assez haut toutefois pour que Clémence l'entende :

« Non, tout de même. Non, ça n'est pas possible.

— Mais quoi ? Mais quoi ? » répète Clémence.

Elle tremble un peu, elle voudrait n'avoir point parlé. Mais déjà c'est trop tard : Irénée s'est décidé.

« Voilà, dit-il. J'ai vu un chat de ces côtés, un chat perdu qui traîne à journée faite, depuis Solaire jusqu'à Saint-Viâtre...

— Comment est-il ? » coupe Clémence.

Sa voix est brève, presque hostile. Elle semble d'avance résolue à contredire toutes les paroles que pourra prononcer Irénée.

« Il est affreux, il est sauvage, comme une bête qui a souffert mille morts. Vous comprenez, Clémence, c'est cette nouvelle que vous m'avez apprise... Je l'ai vu bien des fois, mais je n'aurais jamais pensé... Il est moins noir que votre chat ; même pas noir, quand j'y songe un peu... sombre de peau, avec des mèches de poils roussis... »

Irénée continue à parler du chat fou, de ses yeux désâmés, de ses allures de fantôme en plein jour. Il dit que Triquet l'a tiré, l'a manqué ; que les hommes de Solaire le poursuivent à coups de pierres ; qu'il vole dans les cours des maisons ; et de nouveau qu'il est affreux, couvert de croûtes et de plaies...

Clémence l'écoute, et son visage s'éclaire. Elle soupire encore, mais on voit maintenant que ces soupirs lui soulagent le cœur. Et bientôt elle sourit, elle laisse parler Irénée avec une moqueuse pitié : allez toujours, vieil homme. Si vous avez voulu, par coupable malice, chasser la paix du cœur de Clémence, vos maladroites paroles n'y ont pas réussi. Rroû, cette bête ? Ce brigand des bois ? L'invention d'Irénée ne vaut même pas que l'on hausse les épaules. Rroû s'est perdu, le pauvre imprudent. Voilà longtemps, presque cinq mois. Et Clémence a eu de la peine. Mais cette fuite dans la nuit, cette disparition mystérieuse n'ont laissé derrière elles, Dieu merci, que les souvenirs d'un clair passé. Aucune image n'y demeure attachée, de laide misère, de lente mort solitaire. Rroû est parti, Rroû s'est perdu, il y a presque cinq mois.

Avec le maître et Irénée, on parcourt les allées du jardin. Les jeunes bouleaux paraissent vernis de sève. Deux papillons, deux rhodocères poudrés de soufre se poursuivent dans le soleil. Sous le toit d'Irénée, la glycine s'émeut déjà et se couvre de bourgeons floraux.

« Vous songez aux graines, Irénée ? Il est temps de passer la commande.

— Oui bien, monsieur, la petite liste est prête. »

Irénée a besoin, encore, de cisailles neuves pour tailler la haie. Peut-être aussi faudra-t-il, cette année, réformer la vieille brouette. Elle se disloque de partout : encore une, m'est avis, qui n'enterrera pas Irénée.

On est passé par le potager, par le verger. Le tour du jardin bouclé, on se retrouve sur la terrasse.

« Alors, Clémence, interroge Irénée, vous l'avez remplacé, votre Rroû ?

— Et pourquoi, je vous prie, ne l'aurais-je pas remplacé ? Qu'est-ce qui m'aurait empêché de le faire ? Je vais vous dire une chose, Irénée : taquiner un peu, passe encore. Mais chercher les gens comme vous faites, et cherche, et cherche, cherchera-tu, ça n'est pas signe d'un bon naturel. »

Clémence est pâle et frémissante. Irénée lève des yeux interdits. Et Clémence est saisie de honte, et le sang revient à ses joues, monte d'un afflux qui les empourpre.

« Bon, bon, balbutie-t-elle, si je me suis trompée, je vous demande pardon, Irénée. Tout cela est passé, fini. Le mieux est de n'en plus parler, de l'oublier... Aidez-nous à fermer la maison. »

De nouveau les volets battent, les portes se ferment bruyamment. Le maître a mis en marche le moteur de l'automobile et donne les gaz pour le réchauffer : le moteur ronfle à grand fracas.

« Je ne l'ai pas tout à fait remplacé, confie Clémence à Irénée. J'ai Frère blanc qui vient tous les jours. C'est une bonne bête, caressante, et fidèle à ceux qui la gâtent. Vous me direz qu'il n'est pas à moi... Bien sûr, mais au fond c'est tant mieux. On s'attache moins qu'à toujours vivre ensemble...

— Eh bien, Clémence ? appelle le maître... Montez donc aussi, Irénée : autant de pris pour vos mauvaises jambes. »

Les roues démarrent, la fumée de l'échappement flotte en nuée bleue derrière la voiture. Une dernière fois on s'arrête à la haie, pour fermer la barrière du clos. C'est Clémence qui boucle la porte, qui cadenasse le crochet de la barre. Et tandis qu'elle tourne la clef, elle tressaille, et recule d'un pas.

« Heulla ! » dit-elle.

Elle a bien cru qu'une bête avait remué sous les thuyas, entre la porte et le halage. Elle regarde, ne découvre rien : c'est une feuille sèche qui aura voleté sous la haie. Et cette fois l'auto est partie, elle s'éloigne dans le chemin vers la masure d'Irénée, vers les arbres de la grand-route.

Alors quelque chose sursaute dans l'épaisseur des thuyas, un bond qui écarte leurs branches, qui jette sur le chemin une bête hirsute et noire dont les flancs halètent avec force. Un instant la bête court derrière l'auto qui disparaît là-bas. Puis elle s'arrête, le col tendu, les yeux éperdument fixés vers le tournant où il n'y a plus rien. Longtemps elle reste ainsi, poussant un souffle rude qui ressemble à un râle et tremblant sur ses pattes raidies. Puis elle penche sa tête accablée, laisse tomber ses paupières sur ses yeux qui s'éteignent, et très lentement, d'un pas boiteux qui lui dévie l'échine, s'en va par le halage vers les sombres fourrés de Solaire.

XIII

LA MORT

Il est couché dans le fossé, comme l'autre fois, par le clair et cruel jour d'hiver. C'est bien ainsi, dans ce même fossé, qu'il devait revenir au soir de la grande lassitude et laisser la bonne mort, enfin, le délivrer de sa misère.

Ne plus lutter, s'allonger lentement dans le dernier soleil, sur l'épaisseur fondante des feuilles... Désormais rien n'importe plus, ni l'orgueil d'être libre, ni les souffrances passées, la fontaine morte, l'affreux claquement du piège, le caillou qui vole en ronflant ou le fusil du grand Triquet. Le souvenir, le regret, l'espoir, tout a sombré dans un renoncement absolu, par-delà toute résignation.

Et déjà monte dans les veines l'engourdissement qu'il reconnaît. Maintenant il sait ce que cela présage, quelle approche silencieuse embrume ses yeux et allège sa dépouille. Il sait que s'allonge sur les feuilles un chat maigre et pelé dont le squelette perce la peau, dont la tête se renverse en arrière, offrant déjà sa gorge à ce qui va venir. Il n'a plus peur de la bête morte, il ne l'aperçoit sur les feuilles que le temps de se fondre en elle, de consentir à ce qu'elle soit lui-même.

Rroû est couché au creux du fossé, dans la clairière où jase la fontaine. Il entend l'eau qui goutte au bout de la rigole de pierre, qui tombe avec un tintement clair à la surface du bassin. C'est la fontaine qui jase dans le soir de printemps, et sur le saule où poudroie le pollen la première abeille qui bourdonne.

Rroû entend aussi l'abeille ; et de même, tout près, l'infime et frais froissement de la pervenche qui s'entrouvre. Tout près, là-bas, dans le chêne vermoulu que le pivert cogne de son bec, aux lisières perdues où criaillent deux geais querelleurs, il sent mille liens légers qui tremblent, plus ténus et plus libres que le fil de la Vierge en dérive. Ils flottent de la ronce au tronc rugueux du pin sylvestre, frôlent la touffe de bruyère au-dessus du terrier, l'éphémère blond qui vient d'éclore. Mais rien ne les accroche au passage, n'interrompt un instant leur dérive. C'est le coucou qui chante dans la combe, le lézard gris qui court sur les feuilles mortes du fossé — un fil d'argent qui passe en flottant et que le vent du soir entraîne par le monde. Tout flotte ainsi, chuchote, allume une étincelle, et puis se tait, s'éteint, s'en va.

A chaque instant la peau de Rroû tressaille, son oreille frémit sous un frôlement invisible. Ce qui passait se détache et dérive. Les liens deviennent si ténus qu'ils n'ont même plus à se briser. Ce qui murmure et palpite dans l'espace, cela n'est plus ni près, ni loin. C'est ailleurs, où le cœur de Rroû ne bat plus.

Le cœur bat sous les côtes décharnées, avec une lente faiblesse dont chaque battement, pourtant, retentit dans tout l'être. Ces lents chocs réguliers, un peu sifflants, c'est la seule sensation qui persiste, et aussi l'absence de douleur qui naît de l'immobilité. Si Rroû pouvait remuer sur les feuilles mortes, chaque parcelle de son corps recommencerait à lui faire mal. Il ne peut plus bouger : cette inertie, cette impuissance, il les sent plus réelles que les battements las de son cœur, et toute la vie qui lui reste n'est que pour accueillir leur bienfait. Les plaies, les pattes usées, le poil pelé, les dents perdues, et l'ankylose atroce qui noua les muscles un à un, et la douleur de l'os qui appuie contre l'os, c'est fini. Le cœur bat, un battement, puis un autre : et c'est tout, plus rien ne fait mal.

Les yeux, depuis longtemps fermés, s'entrouvrent. Leurs prunelles brillent encore dans les rayons inclinés du soleil. Mais déjà elles ne voient plus rien, ni la pervenche qui vient de fleurir, ni la mouche verte qui bourdonne au-dessus de la bête mourante. Leur regard, à travers les choses, fixe un au-delà mystérieux, un immense vide pâle et doux, trop vaste pour un regard vivant. Les paupières ne se ferment plus, les yeux demeurent larges ouverts, immobiles comme la bête étendue. Ils luisent toujours, d'un éclat moins troublé que celui de la fontaine ; la lueur du crépuscule se réfléchit sur eux comme sur le galet poli.

L'âme est partie, et c'est le corps qui agonise, la carcasse du chat maigre qui maintenant a cessé d'être Rroû. La mouche verte revient, se pose sur la peau sombre : et la peau se défend encore, tressaille pour chasser la mouche. Et de même tressaille-t-elle quand la touche la fourmi rouge, et d'un frisson plus brusque encore au frôlement du nécrophore.

La mouche s'est posée sur la face, au bord de la lèvre enflée. Le mufle bouge à peine, se fronce imperceptiblement : et la mouche ne s'envole plus.

Ce n'est pas la fourmi qui fait frémir ainsi l'épaule. Le frisson qui parfois y passe vient des profondeurs de la mort. Il monte, comme montent les bulles d'air du fond noir de la fontaine. Cela frémit et s'évanouit dans l'air. C'est toujours à l'épaule qu'affleurent ces ondes rapides, à cette même place qu'elles viennent mourir. Et chaque fois la patte tremble un peu, et puis retombe le long du flanc.

La mouche se lisse les ailes sur la lèvre où elle s'est posée. Son corselet reluit comme une paillette de cuivre. Elle s'arrête, défiante, parce que la mâchoire s'affaisse. Mais non, ce n'est pas un mouvement : la mâchoire glisse d'elle-même avec une lenteur végétale. Ce n'est qu'une chose qui tombe, pareille à toutes les choses que la terre va reprendre.

La mouche recommence à se lisser les ailes.

QUATRIÈME PARTIE

I

LE COIN DE RUE

MADELEINE rentrait de la boulangerie. Elle serrait sous son bras le pain du déjeuner, et cependant dévorait à belles dents le chanteau que le boulanger avait donné pour parfaire le poids.

C'était jour de marché au bourg. Comme il faisait très beau, une animation joyeuse commençait à régner par les rues. Des carrioles arrivaient à la file en tressautant sur la chaussée, des marchands enfonçaient entre les pavés des trottoirs les fiches de fer qui maintiendraient leurs tentes, les chevaux hennissaient, faisaient claquer leurs fers, les poules gloussaient dans les cageots qu'on descendait par l'arrière des voitures. Prestes, le timbre alerte, des bicyclettes filaient entre les groupes — des gars aux foulards incendiaires, des filles en corsages tendres, les jambes luisantes de soie artificielle, le chapeau cloche serré sur leur nuque bien tondue.

Madeleine aussi avait un corsage clair, les bras nus, et les mèches de ses cheveux rouges sautillaient sur ses joues tavelées. Elle musardait, le nez au vent, les yeux fureteurs, et méditait une fable qui lui permît de s'échapper le soir, le temps au moins de tourner quelques danses sous les girandoles du bal. Le quart avant midi sonna. Elle dit : « Mince ! ». et se mit à courir.

Devant le portail de la cour, dans le retrait de

la maison d'en face, des carrioles dételées se pressaient, piquant du nez sur leurs brancards. Le débitant du coin de rue avait là quelques loges d'écurie, qu'il louait les jours de marché. C'était un homme florissant et jovial, que ses propos de belle humeur et sa trogne toujours épanouie avaient fait surnommer « Ça-va-bien ».

Ça-va-bien était au port d'armes, sanglé d'un tablier aux plis raides, la pipe sous la moustache, et sur la tête une casquette d'amiral dont la visière jetait mille feux.

« Ho ! Madeleine, ça va bien, les amours ?

— Zut à vous ! dit Madeleine. Je n'ai pas le temps de blaguer.

— Ecoute un peu, reprit le gros homme, je voudrais te montrer quelque chose. »

Madeleine ralentit son allure, pointa son nez vers Ça-va-bien :

« Non, mon vieux, faut que je radine à la crèche. »

Mais déjà elle s'était arrêtée, se glissait entre les carrioles à la suite de l'aubergiste. Et tout à coup elle demeura figée, jeta un cri de surprise apeurée :

« Oh ! cette bête ! »

Ça-va-bien riait si fort que ses petits yeux larmoyaient :

« N'est-ce pas qu'il est mignon, agréable à regarder ? Si tu en prends envie, Madeleine, il est à toi, je te le donne.

— Cette bête... Cette bête... » répétait Madeleine.

Elle reculait, prête à s'enfuir, puis revenait et se penchait, sans pouvoir détourner ses yeux de l'affreuse et pitoyable bête. Celle-ci se tenait près d'un tas de fumier, non pas assise, mais le séant un peu soulevé pour éviter d'appuyer sur la terre : des escarres qui suintaient, rosâtres sur le noir de sa peau, l'empêchaient de toucher le sable ; et elle tournait très lentement sur elle-même, d'un mouvement gauche et pénible.

Enfin elle s'immobilisa, leva les yeux vers l'homme et la fille. Elle avait des yeux verts, lointains, voilés d'une morne indifférence. On sentait, à les voir, que rien ne pourrait plus jamais ranimer dans leur glauque profondeur une clarté chaude et vivante. Ils erraient, se fixaient un moment, et puis se détournaient, impénétrables, avec la même indifférence glacée. L'aubergiste avait cessé de rire, la petite bonne se taisait. La bête, devant eux, demeurait absolument inerte, étalait sa hideur dans le soleil qui la frappait en plein.

De l'autre côté de la rue, sous le portail du magasin, on entendait sonner les pas des employés qui s'en allaient. Madeleine se retourna, interpella les hommes :

« Hé, la coterie ! Venez voir ça. »

Ils s'approchèrent, les tonneliers, les chauffeurs des camions, les manœuvres. Et tous, en découvrant la bête, s'exclamaient et gesticulaient :

« Mais qu'est-ce que c'est ?... Eh bien, le pauvre frère !... Un chat, tu dis ?... Une pierre au cou et dans la flotte : c'est honteux de le laisser languir. »

Le chat, aux éclats des paroles, levait ses prunelles vagues, les détournait lentement et tremblait au soleil. Les hommes continuaient de parler, de regarder, de s'étonner et de prendre pitié. Pas un d'entre eux ne plaisantait. Ils n'osaient pas non plus toucher la bête misérable, parfois tendaient une main sans que le chat fît un mouvement, et puis la retiraient d'eux-mêmes, et restaient là, fumant leur cigarette.

« Mais non... Mais non... » murmura soudain Madeleine.

Elle s'était penchée un peu en avant du groupe, regardait de tout près les yeux glauques.

« Rroû ! » appela-t-elle, presque timidement.

Le chat tourna un peu la tête, vaguement surpris dans sa torpeur par le son de cette voix toute proche. Mais nulle lueur ne bougea au fond de ses prunelles, il reprit aussitôt sa morne immobilité.

« Ah ! je savais bien, dit Madeleine. Quelle bête d'idée ! Comme si ça pouvait être lui...

— Tout de même... » dit alors un des hommes.

Il y eut un silence dans leur groupe. Le chat se tenait devant eux, toujours muet, toujours indifférent à leur présence épaisse, à leurs mouvements penchés vers lui.

« Tout de même », redit l'homme, lentement.

Et, se tournant vers Madeleine :

« Dis, petite, va chercher Clémence. »

II

LA VOIX DE CLÉMENCE

On n'a pas eu besoin d'aller chercher la vieille servante. Elle aussi revenait de courses. Comme Madeleine elle était en retard, ayant rencontré au marché des « connaissances » de son village. Et elle courait sur le trottoir, un papier jaune de boucherie dans les mains.

« Clémence ! »

Elle s'arrêta, vit l'attroupement.

« Mon Dieu, dit-elle, qu'est-ce qui est arrivé ?

— N'ayez pas peur », dit Madeleine.

Les hommes lui faisaient place. Elle se trouva devant la bête. Et dans l'instant ses mains se joignirent sur son cœur, serrant le papier jaune qui enveloppait le faux filet.

« Heulla faut-il ! Le malheureux... »

Déjà ses doigts dépliaient le papier. Elle prit une peau de viande et la lança aux pieds du chat.

« Il meurt de faim, le misérable. »

Le chat vit le débris de chair. Ses yeux brillèrent, et sa patte s'abattit : une patte sans griffes, un moignon grisâtre et calleux. Déjà sa gueule saisissait le lambeau, l'engloutissait avec avidité. Epaisse, coriace, la peau lui distendait la gorge, ingurgitée d'un bloc sans que la bête donnât un coup de dents.

« C'est affreux, dit Clémence, il s'étouffe. »

Le chat, dans son mouvement pour saisir la pâture, avait soulevé un peu l'arrière-train. Il demeura ainsi, dans une posture contrainte et douloureuse, et se reprit à tourner sur lui-même, très lentement, sans se résoudre à s'asseoir de nouveau.

Clémence s'écarta vers les hommes. Elle murmurait : « Que faites-vous là ? Moi je m'en vais : je ne peux plus voir cette passion. »

Alors Madeleine lui toucha le bras, et elle lui dit presque à voix basse :

« Regardez-le mieux, Clémence. »

L'accent inhabituel qu'avait la voix de Madeleine, l'expression que prenait son visage sous les yeux étonnés de Clémence, l'attitude des hommes autour d'elle, incertains s'ils devaient s'émouvoir ou sourire, c'en était plus qu'il ne fallait pour alerter son cœur craintif.

Elle les regardait au hasard avec une sorte de détresse, et semblait quémander une aide, et n'osait plus maintenant se retourner vers le chat misérable. Qu'avait voulu dire Madeleine ? Pourquoi regarder mieux cette épave, ce moribond ? Si Clémence pensait à des choses oubliées, à un petit compagnon disparu, elle ne le savait pas encore ; mais un frisson léger naissait déjà dans sa poitrine et elle sentait ses mains froidir.

« Regardez-le mieux, Clémence. »

Elle se retourna brusquement, revit la triste créature, s'approcha davantage et se pencha vers elle. La bête, enfin, avait trouvé un creux où appuyer sa chair à vif. Elle s'était assise près du tas de fumier, et de nouveau se tenait immobile, les paupières entrecloses au soleil. Ceux des hommes qui regardaient Clémence purent voir que son visage se décolorait lentement : c'était comme une tache pâle qui envahissait ses joues, qui coulait autour des pommettes, ne laissant plus en leur milieu qu'un petit îlot de sang vif. Et ses lèvres s'entrouvrirent, remuèrent comme si elles parlaient.

Ce n'était qu'un mouvement des lèvres, un silence bouleversé qui parlait pour elle seule. Mon Dieu, mon Dieu, est-ce vraiment possible ? Irénée avait dit là-bas : « Quand j'y songe, ça n'est pas possible. » Il est affreux, couvert de croûtes et de plaies. Triquet l'a tiré, l'a manqué. Et les cailloux des hommes de Solaire... Alors cette bête, ce brigand des bois ?... « Quand j'y songe, avait dit Irénée, non, ça ne peut pas être Rroû. »

Ce n'est pas lui. Clémence le touche sans qu'il tressaille. Dès qu'on frôle ses os sous la peau, sa maigreur est abominable. Il se laisse toucher, il lève ses yeux impénétrables, et les détourne.

« Rroû, mon petit... »

Elle a parlé. Les mots ont jailli malgré elle. Et désormais elle les laisse couler, oublieuse des hommes qui l'entourent, de Madeleine et presque d'elle-même. C'est la Clémence d'autrefois qui parle, dont la voix caresse le chat noir, la douce bête un peu sauvage qui jouait avec l'écheveau de laine.

« Alors, c'est toi, mon pauvre bonhomme ? C'est toi, mon petit camarade ? »

Elle ne voit plus la bête agonisante, les yeux mornes sous les croûtes des paupières. Sa main caresse en même temps que sa voix, erre sur la peau rugueuse à travers le poil souillé.

« Mimine, Mimine, regarde ta vieille. »

Son cœur sursaute, la bête a paru tressaillir. Elle fait sa voix plus tendre encore, sa main plus douce :

« Là donc, là, ma Mimine... »

Et peu à peu les yeux du chat s'éclairent. Un point d'or s'y allume, y palpite. Le chat soulève la tête, et maintenant regarde Clémence.

« Ah ! c'est toi, c'est bien toi ! » s'écrie-t-elle.

Elle ne doute plus. Rroû a miaulé vers elle. Un miaulement faible, enroué, farouche encore et d'une tristesse affreuse, mais qui se voue enfin, qui remet toute souffrance aux bonnes mains qui le touchent, à la voix enfin reconnue.

Alors Clémence le prend entre ses mains. Doucement, pour ne pas lui faire mal, elle le couche dans son tablier. Et elle court, elle écarte les hommes, elle l'emporte vers la maison.

III

« PAUVRE PETITE BÊTE ! »

JAMAIS, jamais elle n'aurait pensé qu'on pût souffrir à ce point sans mourir. Elle l'a posé à sa place familière, en plein soleil, devant la marche de la cave. Elle l'a mis sur le molleton rouge qu'elle a couru chercher dans la caisse à vrillons. Elle a fermé la grande porte de fer pour que personne ne vienne les déranger.

Et maintenant, seule avec lui dans le jardinet clos de murs, elle le regarde tout son soûl, et fait le compte de ses misères.

Il est vrai que ceci est Rroû. Elle en est sûre, elle l'a senti avec une force intime qui d'un seul coup a chassé tous les doutes. Mais s'habituer à une telle certitude, c'est bien dur.

Voilà, Seigneur, une bête qui a souffert ; tellement souffert qu'on est tenté de blasphémer, de ne plus croire à la bonté du monde. Le clair soleil d'avril resplendit sur ses croûtes et ses plaies. L'eczéma l'a rongée, dénudée : tout le haut de son corps est sans poils, couvert d'une poussière grumeleuse que la grande lumière bleuit. Le cou d'un chat mourant de faim, on le cacherait entre deux doigts : c'est un maigre chapelet de vertèbres, un peu de peau qui se ride au-dessous.

A la base du cou les omoplates sont deux lames d'os, si minces qu'elles ont tranché la chair. A la crête de l'échine aussi on voit des places où le cuir s'est usé, où il se fend de blessures violâtres.

Comme les pattes paraissent longues à présent ! Elles sont si glabres qu'on peut compter leurs doigts, serrés les uns contre les autres et pourtant détachés sous la peau. Et cette patte-ci n'a plus de doigts ; elle touche à peine le sol à côté de l'autre patte, elle oblige Rroû à se tenir penché, tout le corps déformé comme si le lourd poids de ses peines, tant de coups sur sa petite vie l'empêchaient à présent de se redresser au soleil.

« Mimine ! »

La tête se soulève à demi, offre sa laideur douloureuse. Voilà ce qui fait le plus mal, ce qui attire le plus les yeux pour les affliger davantage. La tête fine, mobile, expressive, le petit visage noir tout pétillant de vie ardente, se peut-il qu'ils soient devenus ce que Clémence voit à présent ? Nulle part la peau n'est plus raidie, plus bleuie de croûtes poussiéreuses. Cela fait sur le crâne comme une horrible carapace, déborde autour des yeux, déforme le nez et les lèvres. Mon Dieu, comme cette face est enflée ! Une seule canine sort de la gueule, une longue dent déchaussée dont la blancheur sabre le mufle. Il n'est pas laid seulement ; il est grotesque, il donne à rire.

« Non, non... » murmure Clémence.

Elle rit, d'un rire incoercible. Rroû branle le chef au bout de son cou grêle, comme un étrange et dérisoire magot. C'est insensé, c'est mal de rire ainsi de sa misère. Mais quand il branle ainsi la tête, le rire revient, on est forcé de rire.

Clémence enfin se calme, sa poitrine se desserre. Elle a été si émue tout à l'heure qu'elle vient d'avoir une réaction nerveuse : elle aurait aussi bien pleuré.

Car il y a les yeux dans ce visage déchu, leur clarté triste, leur confiance bouleversante. Ce qu'elle voit dans les yeux de Rroû, ce qu'elle lit dans leur profondeur, Clémence l'épelle avec une tendre maladresse. Seule avec lui, elle parle en regardant ses yeux :

« Pauvre, pauvre petite bête ! Comme tu as dû en supporter ! Tout de suite, à peine parti de la maison. Pourquoi as-tu voulu partir ? Tu n'étais donc pas bien ici ? Comme ça, au début de l'hiver. Et dès novembre il a fait tellement froid... Comment n'es-tu pas mort de tes premières nuits dans les bois ? Tu avais tout ici, ton bol toujours servi, ta place à toi sous le fourneau, près du poêle, au pied de mon lit... Que de maux, que d'épreuves, mon pauvre petit chat prodigue ! Comme tu as dû avoir regret ! Pas un jour, pas une heure sans regret, sans repentir d'être parti. Et cette terrible punition !... »

Rroû l'écoute, levant sa tête dolente. Elle est maintenant accroupie devant lui, sous une branche inclinée du grand cèdre. La paix du jardin les entoure, le marronnier commence à fleurir.

« Tu me causes, balbutie Clémence. Tu me reconnais, tu me causes... »

Elle se reprend à rire, mais cette fois son rire l'illumine. Le chat, sans la quitter des yeux, exhale par intervalles un miaulement faible et triste, mais qui vraiment répond à Clémence, et qui l'unit à elle, comme autrefois, dans la paix retrouvée du jardin.

IV

« RROU M'A CONTÉ... »

Le maître est venu dans la cour, inquiet du retard de sa bonne. On a entendu sa grosse voix, un peu fâchée, qui appelait de la cuisine :

« Clémence ! Clémence ! Vous n'y songez plus ? Il est bientôt midi et demie.

— Mon Dieu, a dit Clémence, mon déjeuner ! »

Le maître apparaissait au coin de la maison.

« Monsieur, monsieur... » a balbutié Clémence.

Elle lui a conté toute l'histoire. Elle lui a montré Rroû devant la marche de la cave. Le maître n'en a laissé rien voir, mais il a été très ému. Lui non plus n'a eu aucun doute : tout de suite il a reconnu Rroû. Qu'importent désormais le sang-froid mensonger, le détachement bourru qu'il affecte ? Le déjeuner ? La consultation ? Quand les malades attendraient un peu... Ceux qui viennent à la maison ne sont pas très malades, puisqu'ils viennent.

Le maître écoute Clémence, regarde Rroû en hochant la tête. Il murmure : « Le pauvre imbécile ! » Mais il le dit d'un ton plein de pitié.

« Monsieur, demande Clémence, pensez-vous qu'il puisse se refaire ? »

Le hochement de tête s'amplifie. Des mots impressionnants, barbares, s'écorchent à la moustache du maître. Clémence entend : « Maladies de carence...

Eczéma, scorbut, cachexie... » Elle s'impatiente et jette brusquement :

« Il y a des remèdes à tout ! Qu'est-ce que nous allons lui donner ? »

Le maître hausse vaguement les épaules :

« Régime lacté, onctions avec une pommade émolliente... Ce n'est pas ma partie, Clémence. Et puis vraiment... »

Il s'interrompt tout net, sous le regard que lui jette sa bonne.

« Bien sûr, dit-il, nous allons le soigner. Puisqu'il est revenu, ma fille, nous le gâterons, nous le tirerons de là. »

Il faut surveiller le fourneau, servir le déjeuner, épousseter le salon d'attente. Clémence besogne, ses mains s'activent, machinales. Et cependant, de minute en minute, elle court vers le jardin, échange quelques mots avec Rroû.

Il ne bouge pas, il est tranquille, toujours assis sur le molleton rouge. Plus prompte que les jambes de Clémence, sa cervelle trotte, trotte et galope. Chaque fois qu'elle rencontre le maître, elle lui parle, pour échapper un peu à ce torrent de pensées qui l'entraîne, s'accrocher au passage à quelque chose de stable, de quotidien. En vain : la galopade reprend, mène dans sa tête un train furieux. Et Clémence dit au maître : « Ces idées que je peux avoir... Ces imaginations qu'il me donne... »

La consultation est finie : il n'y a eu que quelques malades. Par ce beau temps, les maladies n'osent pas se montrer. Le beau temps doit guérir, aussi, les maux qui font souffrir les bêtes.

Bon ! Ce n'est plus la sonnerie de l'entrée, c'est la clochette de la grille qui tinte. Qui vient encore nous déranger ? Il n'y a pas même un quart d'heure qu'on est redevenu tranquille.

« Bonjour, Gertrude ! Où avais-je la tête ? J'ai oublié que c'était nettoyage. Mais que n'oublierais-je pas, ma bonne, par un jour comme celui-ci ? »

Clémence cache Rroû, et puis s'écarte. Gertrude

hésite, lève les bras, s'exclame. Il faut recommencer l'histoire, toute l'histoire, presque la même, mais bien plus longue et plus touchante. Les vieilles filles se regardent, rient maintenant sans contrainte lorsque Rroû dodeline de la tête, lui prodiguent de tendres injures : « Te voilà beau, vilain carnaval ! » Et Gertrude tout à coup s'écrie :

« Est-ce que Céline sait la nouvelle ? »

Il faut croire qu'elle la sait, la voici qui traverse la rue. C'est on ne peut plus gentil de sa part : elle a laissé Coquet chez elle.

« Alors c'est vrai, demande Céline, ce que Madeleine vient de m'apprendre ?

— Ah ! ne m'en parlez pas, Céline. Depuis ce matin ma tête tourne : je vis en rêve. »

Une fois n'est pas coutume : tant pis pour le grand nettoyage ! On a, comme d'habitude, accompli tous les rites ; mais le plumeau, l'éponge ou la brosse à parquets frottent aussi dans un rêve, époussètent le vide quand on croit qu'ils touchent les meubles, s'endorment sur les carrelages pendant que l'encaustique se fige. Déjà six heures ! Gertrude a « donné tout son temps » : elle aurait le droit de partir. Mais c'est maintenant qu'il fait bon s'attarder, debout devant la marche de la cave, près du triste et cher revenant.

Et c'est maintenant aussi, enfin, que l'imagination de Clémence cesse de battre la campagne, qu'elle rejoint Rroû dans la paix du logis. Elle revient d'un très long voyage ; mais Gertrude et Céline debout à ses côtés, mais les fleurs du marronnier rose et la branche inclinée du cèdre, elle les voit, elle peut les toucher, s'appuyer à leur présence. C'est une bénédiction de sentir là ces vieilles compagnes de vingt années, ces sûres amies en qui l'on a confiance et près de qui tout respect humain s'abolit. Elles écoutent, elles comprennent, leur sourire ne sait point railler.

« Cinq mois ! raconte Clémence. Vous vous voyez, vous autres, traîner dehors pendant cinq mois ?

Souvent, là-bas, il cherchait l'aventure : il filait de la Charmeraie, un, deux, quelquefois même trois jours. Je ne m'en faisais plus de souci. Je le voyais revenir un matin, un peu maigri, les yeux brillants et les dents longues : mange, mange, mon petit coureur, requinque-toi. Je savais bien ce qu'il avait fait : des chasses sur le talus, peut-être au loin dans le bois de Saint-Viâtre, ou des tours de jeunesse à Solaire... Mes bonnes, vous ne connaissez pas là-bas. En remontant au-delà de Solaire, il y a un grand bois noir : c'est là qu'il s'est perdu, la nuit même où il s'est sauvé. Je l'ai vu s'arrêter avant l'aube et tourner dans le noir des arbres, tourner encore au hasard de ses pas : et déjà il était perdu. »

Clémence raconte le long voyage, le refait maintenant sans cesser de voir le jardin, heureuse d'entraîner après soi les deux braves filles qui sont là. Elles l'écoutent toujours, avidement, se penchent vers Rroû lorsque Clémence se penche, considèrent avec elle les cicatrices qu'elle leur désigne :

« Celles-ci, c'est quand il a sauté dans le ravin pour éviter le fusil de Triquet. Il a sauté dans les prunelliers noirs, et les épines l'ont déchiré. Cette marque derrière l'épaule, c'est un caillou jeté par un homme de Solaire. Et cette pauvre patte, c'est le piège.

— Le piège... répètent Céline et Gertrude.

— Je le vois ; c'est un piège à renards, tendu dans le sentier où la neige a été balayée. Vous vous rappelez cette neige qui est tombée ? Il était déjà presque mort. Il ne pouvait plus boire puisque les mares étaient gelées. Et nulle part où tromper sa faim : on l'avait chassé de Solaire, et le grand froid du bois faisait mourir les bêtes ou les retenait sous la terre. C'est l'appât sur le piège qui l'a tenté, rendu comme fou. Il a lancé sa patte sans seulement réfléchir. Et aussitôt... Ah ! pauvre Rroû !

— Pauvre Rroû ! » disent les deux vieilles filles.

Elles suivent le récit en ouvrant de grands yeux. Elles sentent le froid terrible, la soif, la faim inexorables ; elles entendent le déclic du piège, et pâlissent. Tout ce que dit Clémence, elles le croient, et cependant s'étonnent que Clémence puisse savoir tant de choses. Mais déjà celle-ci reprend, repart, les entraîne à sa suite :

« Il est resté jusqu'à la nuit, la patte serrée entre les dents du piège. Cette souffrance dans sa pauvre patte, et cette peine amère dans son cœur ! Il m'a dit : « J'ai bien cru mourir. Pendant ces heures j'ai « revu la maison, le poêle rouge dans le vestibule, « et la patte de lapin pendue à la pomme d'escalier. Le regret m'enlevait le cœur de la poitrine. « Quand le fer me faisait trop mal, je me disais « que tu allais venir, passer dans le sentier où ma « patte saignait sur le piège. Quelle est cette malheureuse bête ? Seigneur, est-ce possible, c'est Rroû ! « Et tu courais, tu écartais les dents de fer sans « te soucier de déchirer tes doigts. J'étais bien, je « n'avais plus peur dans le creux de ton tablier, « comme le matin, tu sais, auprès de la basserelle, « quand Raies jaunes a voulu me tuer... » Et Rroû m'a dit encore... »

Céline, Gertrude ne s'étonnent plus. Ce que Clémence raconte, c'est Rroû qui le lui a dit.

« Et Rroû m'a dit encore : « Mais tout cela « n'était pas vrai. Dans le sentier il n'y avait personne, et le piège me mordait toujours. Il a « fallu que j'aie ce grand courage, que moi-même, « tout seul, je scie ma patte jusqu'à ce qu'elle soit « détachée... »

Oui, c'est la vérité : il n'est que de regarder ce moignon, cette patte sans doigts qui appuie à peine sur le carré de molleton rouge. Rroû, parfois, lève les yeux vers Clémence. Parfois aussi il miaule, très doucement. Un soir frais, d'une transparence exquise, flotte entre les murs du jardin. Les dernières carrioles du marché cahotent au loin, sur le pont suspendu. La vivante, la bonne paix familière enveloppe la maison dans la rue, la maison dans le bourg tranquille — un peu grave, à cause du soir qui vient. Et la voix de Clémence s'assourdit, plus grave aussi, plus émouvante :

« J'étais couché dans le fossé. Et cette fois ma mort était là. J'avais la tête renversée sur les feuilles ; et je tremblais, mais ne me sentais plus trembler ; et j'avais les yeux grands ouverts, mais je n'apercevais plus rien. C'était fini de me débattre, de regretter, d'avoir de la peine. Et puis... je ne sais plus moi-même. Quelque chose est venu, qui devait être plus fort que la mort, quelque chose qui voulait sans moi... Une dernière fois, avant de mourir, entendre ta voix qui m'appelle, qui me plaint : « Oh ! « pauvre ! Mon pauvre petit Rroû ! » Et je suis sorti de la mort, j'ai marché comme un mort dans le jour. Et voici que j'étais arrivé, que j'étais là, dans les roues des carrioles, en attendant que tu reviennes de courses. Et maintenant, Clémence, ma bonne vieille... »

Elle se tait, se penche vers la bête épuisée, revoit soudain la misère de ce corps, son affreuse et poignante déchéance. Son cœur se crispe douloureusement, mais aussitôt elle sent en elle un large afflux de force volontaire, sa chair se glace d'un dur frisson.

« Et maintenant, maintenant... » répète-t-elle.

Elle ne peut en dire davantage. Elle tend ses deux mains vers la dolente épave, et les soulève, serrées, d'un geste qui arrache, qui remonte peu à peu, farouchement, vers la vie.

V

LE PETIT MONSIEUR

Le maître est bon. Il a offert ce matin, de lui-même, ce que Clémence désirait tant et qu'elle n'osait point demander. Elle a couru chez le vétérinaire ; et déjà elle revient, frappe à la porte du bureau :

« Monsieur, quelle chance ! Je l'ai trouvé chez lui. Dans cinq minutes il sera là. »

Pourquoi avoir si longtemps hésité ? Pourquoi cette crainte inexplicable, cette lâcheté en présence du maître ? Parce que, quelquefois, une étincelle vive et tranchante s'allume aux verres de ses lunettes ? Parce que son calme un peu lourd, sa placidité endormie cachent — Clémence le sait — une clairvoyance intimidante ?

Toute la matinée, elle a tourné autour de lui. Sur vingt prétextes elle est entrée dans son bureau. Elle disposait des roses dans un vase, remontait la pendule arrêtée, et cependant regardait le crâne chauve, la main blanche et charnue qui tournait les feuillets d'un livre.

Le maître semblait ne point la voir, mais tout à coup une sorte de sourire glissait sur son visage absent, et Clémence était sûre qu'il souriait à cause d'elle, de son manège, de son tourment. Alors elle s'en allait, n'ayant rien dit, irritée contre sa lâcheté, mais bientôt retrouvant dans son irritation même le courage d'une nouvelle tentative, se jurant que cette fois elle ne quitterait pas le bureau avant d'avoir parlé, affirmé tout à trac son désir, sa volonté.

Et elle entrait encore, et dès ses premiers pas sa résolution fléchissait. Je lui dirai d'abord : « Monsieur, ne soyez pas vexé. N'allez pas croire, surtout, que je doute de vos capacités. Au contraire : je vous mets bien plus haut... Mais au-dessous de vous, il y a des médecins pour les bêtes. Vous-même, hier, vous en avez convenu sans que je vous aie rien dit : « Ce n'est pas ma partie, Clémence... » Alors qu'est-ce que ça peut vous faire que j'aille chercher M. Clabaut ? »

Clémence n'a point parlé. Elle n'en a pas eu besoin. Le maître, tout à coup, a levé les yeux de son livre, et il a prononcé d'un ton très naturel : « Dites-moi, Clémence, y avez-vous songé ? C'est à cause de ce pauvre Rroû... Si vous couriez chez le vétérinaire ? »

Il a dit cela sans sourire, sans même sourire au-dedans de lui. Clémence en est restée saisie, les larmes lui sont venues aux yeux. Ah ! le maître a bon cœur, il comprend mieux encore que Clémence ne le croyait. Toute fausse honte disparaît ; elle lève aussi les yeux et répond d'une haleine : « Si, monsieur, j'y avais pensé. J'étais toute prête à vous le demander. »

La clochette de la grille berdinne. « Entrez, entrez, monsieur Clabaut, voilà notre pauvre malade. » M. Clabaut s'arrête devant la marche de la cave. Il est excessivement petit, tellement qu'on a beau le connaître et savoir qu'il est très petit, chaque fois qu'on le revoit on le trouve encore plus petit. Ce n'est pas fait pour inspirer grande confiance. Il se confond en politesses, salue le maître avec une balbutiante déférence, oscille d'un pied sur l'autre un peu comme s'il dansait, parce que la branche du cèdre vient lui chatouiller la nuque.

« Voyons cela », dit-il enfin.

Il se retourne, avise Rroû étendu à ses pieds,

écarquille des yeux stupéfaits, et demeure là, les mains au dos, raide et petit comme un échalas dans une vigne.

Clémence, anxieuse, attend qu'il parle. Il fixe Rroû avec la même stupeur et continue de ne rien dire. Ou plutôt si, M. Clabaut ronfle. La bouche ouverte, les yeux ouverts, il pousse entre ses dents un ronflement sonore et bien rythmé. Clémence écoute ce bruit singulier. Elle y discerne de l'impuissance, de la commisération, une sorte d'enthousiasme aussi, rien qui ne soit pour elle intolérable et révoltant. Non, ce n'est pas ainsi qu'on examine sérieusement un malade. Et d'abord, on s'approche de lui ; on le touche, monsieur Clabaut ! On touche ses plaies pour se rendre compte, doucement pour ne pas lui faire mal. Deux fois déjà M. Clabaut s'est incliné un peu, il a vaguement tendu son petit bras. Est-ce qu'il n'ose pas ? Est-ce que Rroû le dégoûte ?

Clémence est déjà à genoux, montre la patte coupée, des escarres, des abcès sous la mâchoire.

« Cela, dit-elle, et puis encore cela... Qu'est-ce qu'il faut faire ? Qu'est-ce qu'il faut lui donner ? »

Ah ! enfin ! M. Clabaut parle, profère des mots entrecoupés : « Dans quel état ! Jamais, jamais vu chose pareille...

— Oui, n'est-ce pas ? » approuve le maître.

Et c'est le maître qui poursuit, répète les mots barbares que Clémence n'a pas oubliés, et conclut avec décision :

« Régime, régime sévère et prolongé. Panades au lait d'abord, exclusivement. Et des onctions sur tout le corps... Une pommade non toxique, il se léchera : glycérolé d'amidon, par exemple.

— Oui, oui... » bredouille M. Clabaut.

Il griffonne l'ordonnance sous la dictée du maître, répète encore comme s'il rêvait : « Jamais, jamais... Dans quel état ! », et soudain reprend ses yeux fixes, recommence à pousser son ronflement plein de stupeur.

Clémence s'énerve. Est-ce fini ? Si c'est pour prolonger semblable comédie, autant vaut que ce soit fini. Mais ses traits se détendent, elle fait amende honorable en son cœur. M. Clabaut a rapetissé encore : il a dû se baisser ; sa main tapote le flanc de Rroû. A la bonne heure ! Il va savoir ; il va dire que ce chat n'est pas tellement malade, bien moins malade qu'il n'y paraît ; il va donner les remèdes qu'il faut... Non, M. Clabaut ne dit rien. Il se relève, tient sa main écartée de son corps. C'est par scrupule, par politesse qu'il a donné ces petites tapes.

« Est-ce que ?... demande-t-il timidement. Est-ce que ?... »

Et il montre sa main, la secoue.

« De l'eau, Clémence, dit le maître ; du savon, un essuie-mains propre. »

M. Clabaut a lavé sa main, l'a essuyée longuement, soigneusement. Combien de sourires encore ? Il s'en va, reconduit par le maître. La porte de la grille se referme.

« Quel homme charmant ! opine le maître qui revient.

— Bon, fait Clémence, combien vous a-t-il demandé ?

— Justement, dit le maître, rien du tout. M. Clabaut est la courtoisie même. »

Alors Clémence, sans retenue, hausse les épaules et dit d'une voix bourrue :

« C'est bien payé. »

VI

COQ EN PATE

CHAQUE matin, vers huit heures, Clémence applique la pommade. Cela se passe dehors, devant la porte de la cuisine. Clémence s'assied sur un escabeau bas, étale sur ses jambes un vieux tablier de toile, enfile un gant de la main droite ; c'est très gênant, ce gant ; mais le maître l'a prescrit, du ton qu'il prend quand il entend être obéi.

« Là donc, là ! Ne bouge plus. »

Elle le tient entre ses genoux, à portée du pot de pommade. Elle cueille l'onguent des quatre doigts et l'étale largement sur le petit corps malade. Rroû se laisse faire, s'abandonne. Si Clémence lui dit « Ne bouge plus », c'est parce qu'elle voudrait qu'il bouge : cette passivité la désole. Mais elle se dit, pour se réconforter, que cette pommade est onctueuse et douce, qu'elle soulage Rroû et qu'il en a conscience. Oui, oui, c'est pour cela qu'il se prête docilement à la « cérémonie ». Et c'est aussi, songe Clémence, parce que je fais de mon mieux pour ne pas exciter ses maux, pour bien étendre le remède où il faut, pour bien le faire pénétrer sous la peau.

Elle lisse, elle masse, elle tamponne. Rroû commence à reluire sous la couche de pommade. Ses grands poils se plaquent sur ses cuisses, le débarrassent de leur laideur hirsute. Maintenant il est tout nu, et il paraît plus maigre encore : un vrai chat écorché, le pauvre. Mais cet enduit brillant prête du moins à son apparence quelque chose de net et de frais. Il suffit de ne plus se dire que cette créature est un chat ; une anguille, par exemple, qui vient de sortir de l'eau.

Clémence ne se lasse pas d'étaler la pommade. Puisque cette besogne est utile, salutaire, elle l'aime, elle la poursuit avec une opiniâtreté heureuse. Elle craint toujours d'avoir oublié quelque coin, négligé une escarre, une croûte. Si elle osait, du bout de l'ongle, elle ferait sauter ce galon. Mais le maître l'a bien défendu : il faut que toutes ces vilaines choses tombent d'elles-mêmes, s'en aillent peu à peu, se détachent naturellement.

Mais quand, mais quand ? Le temps est insupportablement long. Chaque matin, tout en soignant son chat, Clémence l'examine anxieusement. Elle prend dans sa boîte à ouvrage les lunettes qu'elle chausse quand elle « reprise de fin », et penche son nez vers le patient.

Par ici, semble-t-il, Rroû va mieux. Oui, sûrement, il va mieux : un duvet noir repousse sur son crâne. Mais qu'est cela, qui se cache sous l'oreille ? Un autre abcès, un mal de plus. Pas un seul jour sans que Clémence découvre quelque affliction insoupçonnée : « Ah ! tu n'avais pas ça, hier. » Tour à tour elle respire et s'essouffle. Cette mince carcasse, ce liard de chat qu'on ne sent pas peser sur le tablier de toile, il tient une place grande comme un pays. Clémence se perd dans son exploration, avance pouce à pouce, oublie de revenir. Et peu à peu Rroû s'impatiente, tressaute sous ses mains insistantes.

« Eh bien ? Eh bien ? »

Il se débat maintenant avec une force inattendue. Et soudain, du fond de sa gorge, il grogne. Alors Clémence ne se sent plus d'aise : « Ah ! c'est bien lui, cette façon de grogner ! » Si seulement Gertrude était là ! N'a-t-elle pas, le dernier samedi, émis un doute sacrilège ? Pas Rroû ? Pas un grondement de Rroû, ce cri de gorge râpeux et sauvage ?

Elle le laisse aller, ramasse l'escabeau et le pot de pommade. Lui, à peine libre, s'arrête à quelques pas, se couche. Ces quelques soubresauts ont suffi pour l'épuiser. Pourquoi cette colle qui l'englue de toutes parts ? Il se lèche avec de longues pauses, recrache un grain de sable, patiemment étanche de la langue l'abondante et poisseuse marmelade.

« Assez, maintenant, dit Clémence. N'enlève pas tout, mon petit coq en pâte. Songe que c'est pour ton bien, tout ça. »

Mais le chat n'en a cure, se lèche toujours avec une obstination triste. Non, il n'en laissera pas, et tant de soins seront perdus. Mais Clémence s'avise tout à coup « que le dedans de Rroû doit être pris comme le dehors, et que cette pommade avalée fera du bien à son pauvre intérieur ».

Rroû, cependant, s'est remis debout. On croirait qu'il se hisse sur ses pattes décharnées. Ses mèches de poils plaquées se décollent une à une, le hérissent de pointes barbelées. Il est redevenu très laid, encore plus laid qu'auparavant. Il marche vers le seuil de la cave, s'arrêtant à chaque pas pour secouer une de ses pattes : celle-ci, et puis celle-ci, et puis encore celle-ci qui recommence à l'agacer. Il se secoue ainsi, de pas en pas, avec une frénésie morne. Quand ses yeux joignent ceux de Clémence, c'est comme s'ils disaient : « A quoi bon ? Ne pouvais-tu me laisser tranquille ? » Enfin il touche la marche de la cave, tourne sur lui-même et s'assied.

Désormais il renonce, ne se lèche plus, ne secoue plus ses pattes. Il se résigne à être comme il est, gluant, souillé de terre, de graviers qui collent à ses plaies. Il ferme ses paupières bourrelées avec une sorte de lugubre dégoût, et de nouveau s'abîme dans une immobilité mortelle, pareil en vérité, sous les yeux de Clémence, à un petit cadavre qu'un trépas sans miséricorde eût maintenu assis et torturé.

Clémence l'épie, tendue comme on se tend vers le mystère d'une agonie. Elle ne regarde plus qu'une chose : de chaque côté du cou deux petites touffes poisseuses qui bougent, qui battent, qui continuent de vivre au rythme du cœur profond.

VII

« SI DANS QUINZE JOURS... »

« Ma bonne Clémence, pourquoi vous obstiner ? Vous voyez bien qu'il est perdu. S'il y avait le moindre espoir, je serais, moi, médecin, le premier à vous dire : « Soignez-le, encore et toujours ; ne « vous découragez pas. » Mais toute cette peine que vous vous donnez, elle ne peut aboutir qu'à différer un peu sa mort, qu'à prolonger pour rien le martyre d'une petite bête que vous aimez... »

Clémence, la tête courbée, écoute le maître sans l'interrompre. Elle voit bien que le maître a raison, que depuis son retour au logis, le chat, loin d'aller mieux, décline un peu plus chaque jour. Cette évidence l'accable et la rend muette. Du bout de son chausson, elle pousse machinalement sur la pierre du seuil le bol encore plein de panade. Où est Rroû ? Elle le voit qui se traîne vers le baquet sous le bec de la pompe, et qui s'accroche au bord pour essayer d'atteindre l'eau. Il y parvient contre toute vraisemblance, plié en deux sur l'arête des douves. Le cou tendu, les pattes tremblantes, il boit, il boit, en oscillant de plus en plus comme s'il allait basculer en avant.

« Ah ! qu'il tombe, dit soudain Clémence. S'il se délivrait lui-même... »

Mais déjà, comme Rroû, elle oscille en avant, fait

un pas, tend les mains pour prévenir, de loin, sa chute.

Il redescend, le ventre ballonné, revient lentement à sa place au soleil. Il passe ainsi devant le maître et Clémence, et, quand il est près d'eux, s'arrête. Un faible ronronnement s'exhale de sa gorge, il lève les yeux vers eux et s'approche davantage pour se frotter contre leurs jambes. Alors, inconsciemment, le maître et même Clémence s'écartent. Et Rroû, plus misérable encore, va se coucher contre la marche de la cave.

« Vous voyez, reprend le maître, nous ne pouvons qu'être cruels. Je vous assure qu'il ne souffrirait pas, Clémence : rien qu'une petite piqûre, et ce serait fini. »

Le maître, un long moment, se tait, gêné par le silence de sa bonne. Il devine si bien ce qu'elle pense ! Il pourrait le dire à sa place : « Alors, tant d'énergie, tant de confiance en nous pour venir crever dans cette cour, sous nos yeux ?... Car enfin, il est revenu ; nous l'avons pourtant vu, nous autres, revenir. Et il est là, et nous ne pouvons rien ? Ah ! monsieur, c'était bien la peine ! »

« Tout de même, murmure Clémence, le cœur gros, il aura eu une fin moins triste. »

Elle ne pleure pas : on ne doit pas pleurer pour la mort d'une petite bête quand il y a tant de peines sur les hommes. Elle ne pleure pas ; elle répète seulement « Tout de même... », d'une voix très basse et vaincue.

« Ecoutez, Clémence, dit brusquement le maître. Nous allons attendre quinze jours, voulez-vous ? Mais réellement, si dans quinze jours... »

Il n'en a pas dit davantage : Clémence avait compris, accepté le verdict.

Il y a de cela une semaine. Et depuis lors, pas une heure n'a passé sans que Clémence ait senti cette parole peser en elle comme un caillou. Quinze jours ? Quand on est déjà vieille, on sait ce que c'est que quinze jours : de la vie à la mort le passage est moins long, mais aussi, quelquefois, quand la Providence y consent, celui de la mort à la vie. Si pendant quinze jours elle a maintenu Rroû sur la terre, c'est qu'il sera presque guéri ; c'est au moins que l'espoir aura pris force pour rebondir, pour gagner d'autres jours jusqu'à ce que Rroû soit guéri.

Mais quelles transes obsédantes, quel esclavage de la tête et du cœur ! Clémence a honte d'être ainsi possédée. Le maître ne dit rien, ne fait jamais une allusion à l'échéance qu'il a fixée. Clémence, souvent, songe qu'elle a redouté sa railleuse indulgence, le blâme qu'il peut cacher sous un sourire de furtive ironie. Cette fois elle s'est trompée, et regrette de s'être trompée : elle voudrait que le maître lui reprochât la violence de ses transes, lui fît sentir par de sévères paroles l'excès de son humiliation.

Du moins ne se fait-elle pas faute de se juger durement elle-même, de s'exhorter sans ménagements à une conduite enfin raisonnable. Elle ne peut plus, elle est captive ; et toute sa rigueur, désormais, ne saurait l'empêcher de céder à la force de son espoir.

Une semaine déjà, et la seconde semaine commence ; et ce matin, Rroû va plus mal. Quand elle l'a retrouvé au réveil, dans la buanderie où il couche, il a voulu comme d'habitude se mettre debout dans sa caisse, et il est retombé aussitôt.

Ainsi, Rroû n'a même plus la force de se maintenir sur ses pattes, à peine la force de miauler. Il ne mange pas, ne regarde même plus le bol que Clémence lui présente. Bientôt le maître va descendre, et il ne manquera pas de venir dans la buanderie : chaque jour Clémence le voit pousser la porte et jeter un coup d'œil vers la caisse, pour constater lui-même comment Rroû a passé la nuit.

Clémence emporte Rroû dans le creux de son tablier. Elle monte subrepticement l'escalier du grenier. Une autre caisse, bien vite ! Au fond, hâtivement étalée, une moelleuse litière de vrillons... Elle écoute, n'entend rien, et cache la caisse derrière une pile de bûches. Enfin, son coup est fait. De la porte, en s'en allant, elle vérifie qu'on ne peut rien voir, que le bûcher semble rangé comme d'habitude. Elle descend sur la pointe des pieds.

Ainsi, pendant les derniers jours, Clémence triche contre le maître. Lorsque Rroû paraît moins abattu, elle le place bien en vue sur le carré de molleton rouge. Elle lui dit : « Redresse-toi, ne ferme plus les yeux comme ça. Montre-toi à ton avantage. » Et lorsqu'il semble renoncer, lorsqu'il « baisse » une fois encore, elle recommence à le cacher.

« Est-ce une vie ? se gourmande Clémence. Voilà pourtant où j'en suis arrivée... Ah ! que cela finisse bientôt, que ces maudits quinze jours soient passés ! Ce chat me lasse, je ne peux plus rien faire. »

Mais jusqu'au bout elle se penchera vers lui, le soignera, l'enduira de pommade, le surveillera d'un cœur fidèle que l'espoir et l'angoisse ne cesseront pas de déchirer. Une toute petite piqûre ? On pourrait aussi bien l'étrangler, lui enfoncer un couteau dans le corps. Tuer Rroû, le tuer nous-mêmes à présent qu'il nous est revenu ? « Je suis sorti de la nuit, de la mort ; et c'est cela, c'est cette petite piqûre que je suis venu chercher... »

Aimer un chat fougueux et charmant, caresser son poil tiède et doux, s'enchanter de ses grâces espiègles, c'est croire qu'on l'aime : Clémence a cru qu'elle aimait Rroû.

S'émouvoir lorsque après si longtemps, presque renié par un cœur égoïste, on voit revenir Rroû malade, miséreux, laid, répugnant, c'est seulement éprouver plus fort la pitié qui saisit le passant, Madeleine ou les hommes de la cour.

Il faut quinze jours pour s'oublier, pour ne plus savoir qu'on l'aime.

VIII

LE BON SOLEIL

IL n'a plus été question de rien. Les deux terribles semaines ont passé, puis une autre. Et maintenant l'on est en mai. Avant la fin du mois, on partira pour la Charmeraie. Et c'est très probable, c'est sûr qu'on emmènera Rroû avec soi.

Oh ! ce n'est pas qu'il soit guéri. Il est toujours vivant, c'est le mieux que l'on puisse dire ; mais il faudrait pour n'en pas être heureux avoir l'esprit méchant et biscornu. La saison est d'ailleurs radieuse. Un soleil déjà plein de force suit sa route bleue dans un ciel sans nuages. Les premières fleurs du marronnier sont devenues un buisson rose, un dôme de fleurs où bourdonnent les abeilles. L'air chante dans le jardin ; et par-dessus les murs, dans les jardins voisins, les bêches tintent contre les cailloux.

Toute la journée le soleil donne sur la maison. Il chauffe les pierres, la marche et le sable à son pied. Il chauffe le corps de Rroû sur le sable. Ceux qui traversent le jardin, la marchande de légumes, le galopin qui apporte le lait, le facteur, si par hasard ils jettent les yeux sur lui, le voient toujours aussi maigre et malade, et s'étonnent qu'il « traîne » si longtemps. Il paraît toujours insensible à ce qui se passe alentour, au fredon des abeilles dans l'arbre, aux pas des hommes qui le frôlent, et même à la chaleur lumineuse qui le baigne.

Clémence pourtant ne s'y trompe pas. Elle ne saurait dire quand elle a senti ce changement ; mais pour elle, désormais, l'immobilité de Rroû est changée. Elle y perçoit comme un lent travail, une fermentation profonde et déjà, certains jours, quelque chose qui bouge et palpite. Quand elle regarde Rroû, à ces moments, elle pense à une place d'herbe moite, à des trèfles au ras de l'herbe qui déplient leurs folioles fragiles. La main n'oserait pas les toucher, mais c'est frais et doux sur les yeux.

Toute la journée le soleil donne. L'ombre du cèdre tourne avec lui, l'ombre des plus longues branches qui touche la marche de la cave. Elle approche, mince et translucide ; elle glisse dans la chaleur du jour sans qu'on sente presque son effleurement bleu : et déjà elle est passée. Là-bas, l'ombre du marronnier ne quitte pas le pied de l'arbre. Elle tourne aussi, pleine d'étincelles légères, et fait cligner des ronds d'or sur le sable. Tout le jardin est comble de soleil, et les murs s'en imprègnent, et la terre est chaude sous le corps.

« Allons, Rroû, soyons raisonnables : le serein tombe, il faut rentrer. »

Il se laisse emporter, recoucher dans sa caisse, sans volonté encore entre les mains tutélaires de Clémence. Comme la journée a passé vite ! Plus rapide encore que la veille, tandis que le soleil suivait sa course dans le ciel et glissait en rond sur le mur. Rroû dort maintenant sur sa couche de vrillons, à l'abri de la rosée nocturne. Il dort d'un reposant sommeil, replié sur la bonne chaleur sèche qui l'a pénétré tout le jour.

Et déjà l'aube est revenue, limpide et blonde. Et le soleil traverse les vitres de la porte pour l'éveiller de son premier rayon. Il a faim, il miaule sans bouger : il n'a de force encore que pour appeler le secours de Clémence, le bol qu'elle va lui tendre avant de l'emporter dehors, au plein soleil de l'air, dans l'enveloppante douceur du jardin.

Clémence ne tarde jamais beaucoup. Il entend son

pas qui approche, le bouton de la porte qui tourne, et aussitôt sa voix sur lui :

« Allons, mange, mon petit, requinque-toi. »

Il se requinque avec pauvreté, peureusement. Il cache sous sa maigreur prostrée le frémissement de source qui s'éveille parfois en lui. Il évite de bouger, de laisser trop briller ses yeux, comme s'il voulait encore conjurer le destin mauvais.

Mais le soleil est bon sur le sable, sur ses plaies qui se cicatrisent, sur ses prunelles entrouvertes. Cette clarté d'enfance de toutes parts épandue le ramène invinciblement vers le temps de ses primes découvertes. Elles sont les mêmes, aussi fraîches et brillantes, mais il n'a plus besoin maintenant de s'élancer impatiemment vers elles. Il les laisse aborder à lui ; il écoute leur murmure de flot, pareil à celui des vaguelettes dont la frange lumineuse glissait sur les grèves de l'été, là-bas, au pied du talus enchanté. Il s'abandonne, il se recueille ; et le soleil toujours pénètre son corps immobile, le traverse de sa lumière.

Il ne bouge pas, mais ses narines frémissent malgré lui. Et quelquefois il lève un peu la tête, tandis que deux minces flammes vertes brillent aux fentes de ses paupières. Sous le marronnier rose, les fleurs tombées exhalent une odeur capiteuse, de miel sauvage et de pain chaud. Partout où elles jonchent le sable, l'ombre rissole et semble grésiller. On voit maintenant les feuilles du marronnier, d'un vert lisse et foncé qui déjà fait songer à l'été. Souvent un ramage preste et gai retentit dans leur épaisseur : le couple de chardonnerets est là, qui commence à bâtir son nid. Les hirondelles dans l'air tissent les secondes ailées du temps ; et bien plus haut, en plein ciel bleu, les martinets nagent en tournoyant.

L'oreille de Rroû se couche : un crissement imperceptible égratigne tout près le gravier. C'est un carabe doré, aux pattes rouges. Comme ses élytres brillent au soleil ! Et cette odeur de musc, aussitôt reconnue, qui le suit sur les grains de sable ! Il approche en remuant ses antennes. Va-t-il se détourner soudain ? Non, il approche encore, il passe... Et voici qu'il est pris, maintenu sous les griffes de Rroû.

Lui ne sait pas encore qu'il vient de lancer sa patte. Il regarde l'insecte captif : il écoute, avec un étonnement ravi, le bruit grinçant de ses mandibules. Ainsi c'est lui, c'est Rroû qui vient d'arrêter le carabe, qui peut, s'il le désire... Il le lâche, détourne traîtreusement la tête pendant que la bête verte fuit de toute sa vitesse. Où est-elle ? Déjà si loin ? Ah ! tant pis, qu'elle s'éloigne à sa guise, qu'elle disparaisse sous les fusains.

Le carabe n'a pas eu le temps de s'enfoncer dans l'ombre du massif. Comme malgré lui encore, Rroû s'est dressé, il a couru, et de nouveau le carabe grince et se débat. L'étonnement du chat noir renaît, brillant et chaud comme le soleil de mai. Est-ce possible ? La patte qui maintient la bestiole, c'est la patte mutilée, le moignon si longtemps douloureux. Un cal dur s'est formé au bout, si résistant que Rroû peut peser davantage sans que cela lui fasse le moindre mal. Il appuie sur l'insecte, entend craquer sa carapace. Il le relâche pour le reprendre, pour voir si cette patte infirme ne manquera pas cette fois son but.

Le carabe est blessé : il se traîne de guingois sur le sable, une gouttelette d'ambre perle à son corselet. C'est trop facile maintenant de briser net sa fuite : Rroû a été brutal comme un chaton, brutal et maladroit comme il le fut naguère, au temps de ses premiers jeux. La musaraigne blottie dans la fente de la porte avait couru bien plus longtemps.

Il dresse la tête, darde alentour des yeux brillants pendant que sa queue fouette le sable. Et Clémence, de sa cuisine dont la porte s'ouvre au soleil, s'imagine rêver encore lorsqu'elle entend vers le massif ce cri roucoulant et léger, le même, exactement le même qui chantait autrefois dans la gorge du chaton noir.

IX

LE MUR AUX CHATS

On balance la tête et l'échine. On appuie en plein saut ses pattes de devant au crépi : cela fait rebondir sur la crête du mur bas. Il n'y a plus maintenant qu'à suivre la corniche, et plus loin le chemin de tuiles jusqu'aux branches du vieux poirier.

Les tuiles sont larges, velouteuses sous les pattes. Des mousses rases les mordorent, d'un brun ardent sur leur champ rose un peu fané. Du côté gauche, à bonne distance de saut, c'est la terre des jardins sauvages, le bouillonnement fleuri des lilas, des cassis et des genêts d'Espagne. Toutes les cimes des arbustes dépassent la crête du mur ; les branchettes grattent le flanc, piquent voluptueusement le mufle : on avance dans l'éclat des fleurs, dans leur parfum qui ondule au soleil.

A droite c'est la courette de la maison, très loin en bas, beaucoup trop loin pour que l'on puisse sauter. Quand Clémence nous voit là-haut, elle craint toujours une chute épouvantable, comme si c'était elle-même qui marchait sur le faîte du mur. Mais il n'y a pas de danger : l'avenue de tuiles est un chemin sans risques, où l'on peut s'arrêter pour regarder les hommes qui piochent dans les jardins sauvages, pour écouter le vol des cloches ou le caquètement des volailles dans le poulailler du voisin.

Rroû s'arrête sur les tuiles, au milieu de la haute muraille. Il est tout efflanqué encore ; mais ses muscles commencent à saillir, à jouer nerveusement sous sa peau. Quand il marche il claudique encore ; mais sa boiterie a pris une souplesse glissante, un peu étrange, qui soulève ses allonges et lui donne l'air de bondir à chaque pas. Ainsi passe-t-il, sans hâte, à la crête du mur, jusqu'à l'angle où le vieux poirier tord ses branches.

Il les atteint, et de nouveau s'arrête. Il les regarde l'une après l'autre, retrouve sur leur écorce les traces de griffes qui les entaillent. Certains rameaux, profondément blessés, ont une froide blancheur de pierre : ils sont morts, ils casseraient sous son poids. Il saute, tête en avant, se reçoit sur une branche élastique, et désormais se livre à la grisante descente. Il dévale, les pattes cramponnées, sent contre ses cuisses et son ventre la longue éraflure de l'écorce, et retombe, bien d'aplomb sur la terre.

Le circuit est bouclé. Il miaule de joie comme un jeune chat, et brusquement se tait, fâché de son exubérance. Plus la joie est intense, plus il convient de la cacher, de la maintenir au fond de soi. Pas à pas, avec nonchalance, Rroû revient vers la buanderie, se coule sous la porte du fond, par la chatière qui donne sur les jardins sauvages. A quelques pas un homme bêche la terre. Il faut passer tout près de lui pour sauter sur le mur bas. Rroû passe, sans s'aplatir, sans se soucier de l'homme plus que du mannequin de paille qui écarte ses bras dans le cerisier fleuri. Il a sauté sur le mur bas : il recommence à parcourir l'étroite route aérienne, la sienne, chemin de ronde autour de son domaine.

Qu'est celui-ci ? Ce chat blanc et gras qui s'avance tranquillement dans la cour ? Là-haut Rroû se hérisse et gronde. Il a déjà vu cet intrus : chaque jour, il s'en souvient, pendant qu'il était malade, l'effronté traversait le jardin et trottinait vers la cuisine. Et ne l'a-t-il pas vu, aussi, bien plus longtemps auparavant, ici, ailleurs, dans une grande cour où roulaient des camions ? Il gronde plus fort, se penche au bord des tuiles. Il gronde si fort que le chat blanc s'arrête, lève la tête vers la voix menaçante. Il hésite, se rassure : ce bourru est perché trop haut, il n'y a rien à craindre de lui. Frère blanc reprend sa marche et trottine vers la cuisine. Il n'a rien entendu, rien compris : il a roulé sur la marche du seuil, heurté au flanc avec violence par une bête noire dont les yeux flamboyaient. Il s'est senti griffé, mordu, et il s'est sauvé en hurlant.

Rroû, déjà, regrimpe dans le poirier, saute sur la crête du mur et s'arrête au milieu. Il se lèche, lisse son poil tout neuf, respire l'odeur des lilas, et cependant surveille la porte du jardin. C'est bien : l'intrus ne revient pas. Il a raison s'il craint les coups.

Rroû cesse de se lécher, se retourne : derrière lui, par-dessus le mur mitoyen, une tête vient d'apparaître, une tête de matou blanche et jaune, élargie d'un collier touffu. Rroû est debout, il se hérisse et gronde. Mais le matou saute quand même sur les tuiles, et s'avance. Est-ce qu'il gronde lui aussi ? Oui, il gronde à pleine gorge, il gonfle son collier neigeux. Rroû s'avance à son tour et se piète devant lui.

Leurs nez se touchent, leurs yeux se défient. Un long moment ils restent ainsi, l'un et l'autre raidis dans une immobilité frémissante. Mais le grondement de Rroû, peu à peu, devient un cri bas et farouche, un chant de menace barbare, si terrifiant que le matou jaune recule, recule encore et brusquement s'enfuit.

Lentement, dans toute sa longueur, Rroû parcourt la route aérienne. Puis il revient et s'arrête au milieu, jette alentour un dernier regard, et paisible reprend sa toilette, assis sur la tuile même où ils se sont défiés, lui, Rroû, et le matou qui s'est sauvé.

X

LES YEUX VERTS

« VIENS, mon chat, mon beau brigand. »

Le maître s'est pris pour lui d'une amitié nouvelle, où ne transparaît plus de condescendance amusée, mais une sorte d'admiration. Souvent, lorsqu'il aperçoit Rroû sur le grand mur ou dans le marronnier, il s'approche de lui et l'appelle.

Hier encore, Rroû lui a obéi : il est descendu de l'arbre, a miaulé vers le maître et s'est laissé longuement caresser. Aujourd'hui, quand il entend sa voix, il demeure allongé sur une branche, tressaille à peine à fleur de poil. Le maître pourtant le voit bien, noir et long dans l'ombre des feuilles. Il s'approche un peu plus et continue d'appeler. Mais Rroû ne bouge pas davantage, écoute les mouches et respire le beau temps.

« Eh bien, Rroû ? »

Le maître est là, au pied du marronnier. Il lève la tête et tend la main, frottant deux doigts l'un contre l'autre comme s'il comptait des pièces de monnaie. Rroû, lentement, avec une indolence superbe, abaisse vers lui les yeux. Il le regarde, sous ses paupières entrecloses, aussi longtemps que le maître demeure, debout au pied de l'arbre et la tête à demi renversée. Ses prunelles vertes luisent dans l'ombre des feuilles d'un éclat immobile et froid. Rroû regarde le maître comme s'il ne le voyait pas. Et ce regard absent, secret, fait que le maître enfin s'éloigne, en murmurant sous sa moustache d'une voix rêveuse, un peu troublée : « La rude bête... »

L'angélus de midi sonne par-dessus les toits du bourg. Maintenant c'est Clémence qui appelle, et qui bientôt s'approche, surprise, parce que Rroû ne descend pas du marronnier. De même que le maître, elle lève la tête et tend la main. Mais les doigts de Clémence offrent une ablette vive, un clair poisson d'argent qui miroite au soleil. Rroû hume l'odeur de l'ablette, déplace un peu sa patte comme s'il allait sauter, mais la replie sous sa poitrine et lentement baisse les yeux vers Clémence.

Il la regarde comme il a regardé le maître, du même regard immobile et secret. Et désormais Clémence peut lui parler, sourire, agiter l'ablette miroitante : Rroû ne bouge plus, allongé sur la branche, et reste là, parce qu'il s'y trouve bien.

Clémence ne s'en va pas : il détourne les yeux, et bâille. Clémence s'en va : il bâille encore, indolemment.

Le temps est lumineux et chaud, les mouches dansent. Un instant, Rroû songe à l'ablette qui miroitait dans le soleil. Il a faim, ce n'est rien encore : l'hiver passé, il a connu la faim. A la cime du marronnier les feuilles palpitent faiblement, l'air creuse autour des remous bleus. L'instant est doux et se prolonge. Dans les feuilles mêmes passe un ronflement d'ailes ; un pépiement aigu, fiévreux retentit tout près de Rroû : c'est le chardonneret mâle qui tourne au-dessus du nid saccagé. Les yeux du chat glissent sous le couvert, aperçoivent la plume jaune et noire qui demeure accrochée au nid. Ce n'est plus la peine à présent d'épier l'oiseau qui crie dans l'arbre. Lui aussi sait que le chat est là : tout en voletant il songe à sa vie, claque des ailes au mufle du fauve, et sans quitter le marronnier s'évade de feuille en feuille avant que Rroû ait remué sur sa branche.

Rroû ne dort pas. Il couche seulement sa tête

sur ses pattes et fixe ses yeux devant lui. Ses prunelles vertes luisent comme tout à l'heure, quand le maître et Clémence étaient là : aussi limpides, aussi lointaines. Elles brillent, chacune, du même point de soleil ; et cette étincelle de lumière se glace à leur dureté polie.

« Ah ! te voilà, te voilà tout de même ? »

Clémence s'est trouvée dans la cour comme il sautait au bas du marronnier. Elle lui parle comme autrefois. Elle le caresse, comme autrefois, en s'accroupissant devant lui. Il laisse sa main glisser contre son flanc, son regard chercher le sien. Clémence, dans les yeux de Rroû, n'aperçoit pas la mélancolie douloureuse, la nostalgique détresse qu'elle a tant redouté d'y lire, rien d'autre qu'une sérénité un peu froide où elle se plaît à voir le signe de sa guérison.

« Je vais te dire, murmure Clémence : dans dix jours, nous retournons là-bas. »

Elle parle. Elle évoque le sureau, le talus, les guinettes sous la haie de thuyas, la musaraigne aux cris stridents. Sa main glisse dans le poil soyeux.

« Ah ! tout de même, dit le maître, le voilà enfin descendu. »

Lui aussi le caresse, lui aussi parle de là-bas. Maintenant ils viennent à Rroû ; ils ne s'écartent plus comme ils faisaient devant la bête malade, quand elle essayait humblement, bourrelée de croûtes et gluante de pommade, de s'appuyer contre leurs jambes. Rroû laisse leurs mains s'attarder sur son corps, indifférent, les yeux perdus au loin.

Dans la rue des voitures roulent, sur le trottoir des pas résonnent. Les hommes qui passent parlent entre eux, rient, balancent leurs bras et fument des cigarettes. Un enfant pleure de l'autre côté du mur. Le fouet d'un charretier claque comme un coup de fusil ; le charretier jure au nez de son cheval, en tirant sur la bride comme pour haler le lourd tombereau. La petite ville pleine d'hommes retentit tout le jour d'une absurde et vaine rumeur. Même dans les jardins sauvages, des tâcherons peinent, courbés comme Irénée vers les cailloux du sol. Ils changent la terre de place, la fendent avec une bêche pour la remettre dans le trou qu'ils ont fait.

« Le beau soir ! s'écrie le maître. Vous servirez dehors, Clémence. »

Et Clémence répond au maître :

« Moi je veux bien, mais Monsieur prendra froid. »

Elle a étalé un napperon sur une table de jardin. Elle dispose le couvert, les assiettes, le pichet, la carafe, vingt objets compliqués pour que le maître puisse manger et boire. Rroû, en passant, accepte les reliefs que lui offre la main du maître. Il a mangé sa pâtée du soir, il chemine un instant dans l'enclos, s'en va par la chatière qui donne sur les jardins sauvages.

Les hommes qui bêchaient sont partis. Mais dans le crépuscule doré la rumeur de la petite ville continue de troubler l'espace. A travers les feuilles des pêchers, plus loin aussi, vers le bosquet où chante déjà le rossignol, partout des fenêtres s'allument, des volets battent, des haut-parleurs nasillent. Et toujours des éclats de voix, des cris d'enfants, des pas dans la rue encaissée... Le maître, dans l'enclos, doit avoir achevé son repas : l'âcre et puante odeur de sa pipe vient rôder jusque par ici

« Rroû ! Rroû ! »

C'est Clémence qui appelle. Rroû entend sa voix calme qui parle au maître sous le cèdre :

« Non, je ne ferme plus la porte ; je ne bouche plus la chatière pour la nuit. Je suis tranquille maintenant, il est guéri de l'aventure. »

Rroû saute sur le mur bas et s'allonge. Des noctuelles lui frôlent le front, une chauve-souris titube sur ses ailes griffues, s'enfonce dans les ténèbres pour en jaillir silencieusement. Quelque part, sur les voliges d'un toit, les serres d'une chevêche ont grincé.

L'air s'assombrit, les étoiles commencent à briller : c'est une nuit sans lune, paisible, où la rosée lentement s'épaissit sur la terre. Tous les jardins sauvages se couvrent d'une pâleur égale, et les pêchers de place en place semblent flotter sur la brume endormie.

Le bourg se tait. La chevêche passe en ululant. Dans les orties qui poussent au pied du mur, un mulot coule son trottinement furtif. Parfois encore, vers la grand-route, un pinceau de clarté blafarde tournoie lentement dans le ciel : c'est une automobile qui gravit la rampe du coteau. Elle déchire la nuit d'une sorte de longue plainte, qui approche, grandit, s'éloigne, mais n'empêche pas d'entendre, à l'opposé, le murmure grave et frais, continu, que le grand fleuve prolonge contre ses berges.

Là-bas, très loin, les courlis crient sur les grèves. Les crapauds sous les roches, au bord des lagunes dormantes, laissent tinter leur appel triste, d'un son si pur dans l'étendue nocturne. Les reflets des étoiles ne bougent pas dans l'eau des lagunes.

Au ras des tuiles, sur le mur, les yeux de Rroû restent grands ouverts ; non plus les yeux de Rroû, mais deux lueurs immobiles, sans regard, qui veillent au cœur de la nuit.

XI

IL EST PARTI

« NON, monsieur, ce n'est pas hier matin, c'est à midi que je m'en suis aperçue. Le matin il était encore là, il m'a suivie jusqu'au coin de la rue. Une nuit dehors, je ne m'en tourmente pas : il a repris ses anciennes habitudes. Ce soir, demain sûrement nous allons le voir revenir. »

Et le soir, Clémence dit encore :

« Dans une semaine juste, nous serons à la Charmeraie. Et vous croyez qu'il ne le savait pas ? Un chat intelligent comme lui ? Il le savait, tous nos préparatifs le lui ont assez fait comprendre. Je vous le dis, ce n'est qu'une petite escapade : demain matin nous le reverrons dans la cour. »

Clémence vide le bol où la pâtée s'est refroidie, le remplit de lait tiède et crémeux.

« Comment voulez-vous, reprend-elle, qu'il ne soit pas exact au rendez-vous ? C'est à cause de là-bas, du bel été là-bas qu'il a quitté cette maison-ci. Pourquoi ne reviendrait-il pas du moment que c'est pour retourner, dans une toute petite semaine, là où il a été si heureux ? Regardez bien ce que je verse de lait : demain matin, si le lait est bu, ou si seulement il y en a moins dans le bol, nous pourrons dire qu'il n'est pas loin, même si nous ne le voyons pas... Un autre chat ? Impossible. Rappelez-vous qu'il n'en supportait pas un dans la cour. »

Clémence soupire. Elle ajoute plus bas, désavouant déjà sa confiance :

« Le temps me dure... Quand il sera rentré, je le surveillerai plus serré. »

Le lendemain, le lait a tourné dans le bol. Clémence appelle à travers l'enclos, explore la buanderie, le grenier, les deux arbres, appelle encore dans les jardins sauvages. Elle songe à traverser la rue, à s'enquérir près de Céline. Mais une pudeur ombrageuse la retient, la crainte que Céline, à part soi, ne juge sévèrement la conduite de Rroû. Et Clémence se dit aussi : « S'il revient, de quoi aurai-je l'air ? »

Elle n'a pas résisté tout le jour. Avant le soir, Rroû n'étant pas rentré, elle est allée trouver Céline et lui a exposé longuement toutes les raisons « qui la forcent de croire » au retour imminent de Rroû. D'avoir tant affirmé une conviction si raisonnable, elle s'est convaincue elle-même. En vérité, cela lui a fait du bien. Pour s'affermir encore, elle traverse le bourg jusqu'à la maison de Gertrude. Et de nouveau elle explique, elle raisonne :

« N'est-ce pas, vous me croyez, Gertrude ?... D'ailleurs, mettons les choses au pire : s'il s'est sauvé, c'est d'impatience, c'est vers là-bas qu'il s'est sauvé. Il connaît le chemin, hélas ! Il ne se perdra plus en route. Mais cette fois, grâce à Dieu, il ne tournera pas comme une pauvre âme en peine sur les toits d'une maison vide. Ecoutez... Nous sommes mercredi. Vendredi Monsieur m'emmène là-bas, mettre en état pour l'arrivée lundi. Vous, vous venez ici samedi pour notre dernier nettoyage. Je suis tranquille. Quand vous arriverez à la grille, je vous dirai : « Nous l'avons retrouvé ! » Mais entendez bien, c'est le pire : pour moi, il traîne dans le quartier, il se cache pour me faire enrager. Qu'est-ce qui me dit qu'en ce moment même, à cette minute où je vous cause, il n'est pas déjà dans la cour ? Je me sauve vite, ma bonne : à samedi, à samedi tous ensemble ! »

« Eh bien ? » a demandé Gertrude quand elle est arrivée, le samedi, à la grille.

Clémence a fait « non », de la tête. Gertrude n'a pas osé poursuivre. Elles se sont mises à l'ouvrage en commençant par la salle à manger.

Clémence tirait la table, sortait les chaises dans le vestibule en les bousculant pêle-mêle. Gertrude soupirait sans rien dire tandis que Clémence bougonnait : « Tout allait mal, c'était un fait exprès. Une araignée encore, deux araignées là-haut. Sales bêtes ! Un coup de tête de loup là-dessus... » Elle a dû être bien maladroite : un fracas fait trembler les vitres. C'est un plat de Nevers qui se décroche du mur et qui se brise sur le parquet.

« Aussi ! explose Clémence. Tout ce braga, toutes ces vieilles bricoles ! »

Agenouillée, elle ramasse les morceaux. Sa colère s'affaisse et laisse en elle une grande lassitude.

« Voilà onze ans, murmure-t-elle, onze ans que je n'avais rien cassé. »

Et tout à coup elle commence à parler, d'abord à demi-voix, avec des hésitations pesantes, mais bientôt d'un seul flux qui coule d'un bloc et la délivre.

« Il n'était pas là-bas... Irénée ne l'avait pas vu... A Solaire non plus nous ne l'avons pas trouvé. Monsieur m'y a emmenée, nous avons demandé en mendiants dans toutes les maisons une à une. Ils le connaissaient bien, ils ne l'avaient pas vu... Et à Saint-Viâtre encore, chez cet affreux Triquet, Monsieur m'a emmenée en voiture : « Que vous ayez « aussi cette satisfaction, Clémence... » Mais pas de Rroû non plus à Saint-Viâtre. Je ne sais pas pourquoi j'en étais sûre... Maintenant, Gertrude, je crois qu'il est parti, pour partir, n'importe où dans le monde... »

Elle tourne vers Gertrude ses deux paumes un peu creusées. Sa poitrine se soulève et ses joues se colorent :

« Avoir tant fait, tant fait ! Je ne peux pas vous dire ce qui m'a soutenue pour le ramener de la mort. Des jours, et puis encore des jours... Cette peau de viande, tenez, que je lui avais jetée sans savoir, la première fois, qu'il avait engloutie comme ça, avec sa pauvre bouche malade, me la suis-je assez reprochée ! Me le suis-je assez dit, plus tard, que s'il finissait par mourir ce serait peut-être à cause d'elle, par ma grande faute... Si je vous avouais tout, Gertrude ! Même la nuit je pensais à lui, j'avais envie de me lever, d'aller voir s'il vivait encore. Et peu à peu, une heure, encore une heure, il vivait, il durait toujours. Vous l'avez vu : jamais il ne s'était montré plus obéissant, plus fidèle. Le faux, l'ingrat !... « Maintenant que tu m'as soigné, « guéri par chaque place de mon corps, rendu ma « force, ma joie de vivre, je m'en vais sans me « retourner, et voilà ta récompense. »

Gertrude s'approche et la console. Elle n'excuse pas la bête disparue. Elle dit que tous les chats ne ressemblent pas, Dieu merci, à ce diabolique animal. Avec son affectueux bon sens, elle reproche à Clémence de s'être trop oubliée elle-même : « C'est pour soi, pour son agrément, qu'il faut s'attacher aux bêtes. On les a dans sa maison, l'une ou l'autre, et c'est juste de gâcher celle qu'on a. Mais que celle-ci meure ou se perde, il convient de se faire une raison, de reporter son plaisir de choyer sur une autre bête familière, aussi jolie, aussi aimable, et quelquefois même encore plus.

— C'est vrai, c'est vrai, murmure Clémence. Mais Rroû... Ah ! mon amie, on ne se refait pas. »

Gertrude hésite devant Clémence, la regarde à la dérobée. Enfin elle se décide, elle ose. Elle parle d'un chaton qu'elle connaît, un chaton angora gris perle (il s'appelle Griset, justement), mignon, joli à n'y pas croire. Sa maîtresse voudrait le donner, parce que la mère lui suffit. D'un mot, si Clémence l'en chargeait...

Les yeux de Clémence deviennent durs. De sa

main agitée devant elle, elle tranche l'air avec violence.

« Assez ! N'insistez pas, Gertrude. A tout jamais je suis guérie des bêtes ! Je n'en veux plus, vous m'entendez ? Je n'en veux plus ! Je-n'en-veux-plus ! »

On est parti au jour fixé. L'automobile roule sur la grand-route, dans le bruissement frais des feuillages. Le maître, seul à l'avant, conduit. Clémence est assise au fond, parmi les caisses et les valises. La voiture file à belle allure : dans dix minutes, à pareil train, on sera à la Charmeraie.

Le maître, dans le miroir rétroviseur, regarde l'image de Clémence.

« Griset ne bouge pas ? » demande-t-il.

Clémence se penche vers la banquette, entrouvre avec mille précautions le couvercle d'un panier noir.

« Oh ! pas du tout, dit-elle. Pas du tout, le pauvre bonhomme. »

Et elle sourit, ainsi penchée, à ce qu'elle voit au fond du panier noir.

TABLE DES MATIÈRES

PREMIERE PARTIE

DEUXIEME PARTIE

TROISIEME PARTIE

QUATRIEME PARTIE

ŒUVRES DE MAURICE GENEVOIX

Aux Éditions Bernard Grasset :

RABOLIOT (roman), *Prix Goncourt.*

LES MAINS VIDES (roman).

LA BOÎTE A PÊCHE.

Chez Plon :

ROUTES DE L'AVENTURE.

VAINCRE A OLYMPIE (roman).

DERRIÈRE LES COLLINES (roman).

BEAU-FRANÇOIS (roman).

LE ROMAN DE RENARD (roman).

LA FORÊT PERDUE (roman).

LA LOIRE, AGNÈS ET LES GARÇONS (roman).

JARDINS SANS MURS :

LE JARDIN DANS L'ILE (roman).

IMAGES POUR UN JARDIN SANS MURS.

AU CADRAN DE MON CLOCHER.

LES BESTIAIRES :

TENDRE BESTIAIRE.

BESTIAIRE ENCHANTÉ.

LA MORT DE PRÈS.

BESTIAIRE SANS OUBLI.

LA GRÈCE DE CARAMANLIS.

MAURICE GENEVOIX ILLUSTRE SES BESTIAIRES.
(Edition d'ensemble illustrée par l'auteur.)

UN HOMME ET SA VIE :

MARCHELOUP (roman).

TÊTE BAISSÉE (roman).

BERNARD (roman).

L'ASSASSIN (roman).

GAI-L'AMOUR (roman).

SANGLAR (roman).

Chez d'autres éditeurs :

FATOU CISSÉ (roman).

L'AVENTURE EST EN NOUS (roman).

VLAMINCK.

CHRISTIAN CAILLARD.

CEUX DE 14 :

LA BOUE. — LES EPARGES.

SOUS VERDUN. — NUITS DE GUERRE.

LA DERNIÈRE HARDE (roman).

FORÊT VOISINE.

RROU (roman).

CANADA.

EVA CHARLEBOIS (roman).

CYRILLE (roman).

LA JOIE (roman).

RÉMI DES RAUCHES (roman).

JEANNE ROBELIN (roman).

AU SEUIL DES GUITOUNES.

H.O.E.

JEUX DE GLACES.

AFRIQUE BLANCHE, AFRIQUE NOIRE.

L'ECUREUIL DU BOIS-BOURRU (roman).

LAFRAMBOISE ET BELLEHUMEUR (roman).

LES DEUX LUTINS (conte pour les enfants).

MON AMI L'ECUREUIL (conte pour les enfants).

LES COMPAGNONS DE L'AUBÉPIN (récit pour les écoliers).

L'HIRONDELLE QUI FIT LE PRINTEMPS (contes pour les enfants).

IMPRIMÉ EN FRANCE PAR BRODARD ET TAUPIN
58, rue Jean Bleuzen - Vanves - Usine de La Flèche.
LIBRAIRIE GÉNÉRALE FRANÇAISE - 14, rue de l'Ancienne-Comédie - Paris.
ISBN : 2 - 253 - 00235 - 6

BAUDELAIRE

Les Fleurs du mal 677

Préface de Marie-Jeanne Durry. Édition commentée et annotée par Yves Florenne.

Le Spleen de Paris 1179

Édition établie, présentée et commentée par Yves Florenne.

Les Paradis artificiels 1326

Préface, commentaires et notes d'Yves Florenne.

DAUDET

Lettres de mon moulin 848

Préface de Nicole Ciravégna.

Le Petit Chose 925

Préface de Paul Guth.

Contes du lundi 1058

Préface de Louis Nucéra.

Tartarin de Tarascon 5672

Préface d'Yves Berger.

DIDEROT

La Religieuse 2077

Préface d'Henry de Montherlant. Commentaires et notes de Jacques et A.-M. Chouillet.

Jacques le fataliste 403

Préface, commentaires et notes de Jacques et A.-M. Chouillet.

DOSTOIEVSKI

Crime et châtiment

T I 1289 - T II 1291

Préface de Nicolas Berdiaeff. Commentaires de Georges Philippenko.

L'Idiot

T I 941 - T II 943

Introduction et commentaires de Louis Martinez.

Les Possédés 695

Préface et commentaires de Georges Philippenko.

DUMAS fils

La Dame aux camélias 2682

Préface, commentaires et notes d'Antoine Livio.

FLAUBERT

Madame Bovary 713

Préface d'Henry de Montherlant. Présentation, commentaires et notes de Béatrice Didier.

L'Éducation sentimentale 1499

Préface de Pierre Sipriot. Commentaires et notes de Daniel Leuwers.

HOMÈRE

L'Odyssée 602

Préface de Fernand Robert. Édition traduite et présentée par Victor Bérard. Index et notes de Luc Duret.

L'Iliade 1063

Préface de Fernand Robert. Édition traduite et présentée par Mario Meunier. Index et notes de Luc Duret.

LA FAYETTE (Madame de)

La Princesse de Clèves 374

Préface de Michel Butor. Commentaires de Béatrice Didier.

MACHIAVEL

Le Prince 879

Préface de Raymond Aron. Édition traduite, commentée et annotée par Jean Anglade.

MAUPASSANT

Une vie 478

Préface de Henri Mitterand. Commentaires et notes d'Alain Buisine.

Mademoiselle Fifi 583

Édition présentée, commentée et annotée par Louis Forestier.

La Maison Tellier 760

Édition présentée, commentée et annotée par Patrick Wald Lasowski.

Bel-Ami

Préface de Jacques Laurent. Commentaires et notes de Philippe Bonnefis.

MÉRIMÉE

Colomba et autres nouvelles 1217

Édition établie par Jean Mistler.

Carmen et autres nouvelles 1480

Édition établie par Jean Mistler.

NIETZSCHE

Ainsi parlait Zarathoustra 987

Édition traduite, présentée et annotée par G.-A. Goldschmidt.

POE

Histoires extraordinaires 604

Édition présentée par Michel Zéraffa.

Nouvelles histoires extraordinaires 1055

Édition présentée par Michel Zéraffa.

RABELAIS

Pantagruel 1240

Édition établie et annotée par Pierre Michel.

Gargantua 1589

Édition établie et annotée par Pierre Michel.

SADE

Justine 3714

Édition préfacée, commentée et annotée par Béatrice Didier.

SAND

La Petite Fadette 3350

Édition préfacée, commentée et annotée par Maurice Toesca.

François le Champi 4771

Édition préfacée, commentée et annotée par Maurice Toesca.

La Mare au diable 3551

Édition préfacée, commentée et annotée par Pierre de Boisdeffre.

---

* *Disponible chez votre libraire.*

Le sigle ☛, placé au dos du volume, indique une nouvelle présentation.

30/4042/5